출근이 칼퇴보다
즐거워지는 책

출근이 칼퇴보다
즐거워지는 책

초판 1쇄 발행 · 2017년 7월 31일

지은이 · 장한이
펴낸이 · 김동하
책임편집 · 양현경

펴낸곳 · 책들의정원
출판신고 · 2015년 1월 14일 제2016-000120호
주소 · (03955) 서울시 마포구 방울내로9안길 32, 2층(망원동)
문의 · (070) 7853-8600
팩스 · (02) 6020-8601
블로그 · books-garden1.blog.me
이메일 · books-garden1@naver.com

ISBN 979-11-87604-29-7 (03320)

• 이 도서의 국립중앙도서관 출판예정도서목록(CIP)은 서지정보유통지원시스템 홈페이지(http://seoji.nl.go.kr)와 국가자료공동목록시스템(http://www.nl.go.kr/kolisnet)에서 이용하실 수 있습니다. (CIP제어번호 : CIP2017016843)

장한이 지음

책들의정원

프롤로그

해답은
먼 곳에 있지 않았다

남들에게 명함 한 장 건네기 민망하지 않은 회사에 취직만 하면 일단 성공이라고 생각했다. 그럴싸한 건물에 한 자리 꿰차기 위해 무수히 많은 시련을 겪어왔으니 더더욱 그렇게 믿고 싶었다.

상상 속에나 존재했던 대기업이라는 곳에 입사해 처음에는 입이 찢어지게 기뻤다. 사원증을 목에 걸고 거리를 활보했고, 투철한 신입사원 정신에 입각해 버스 기사님에게도 무의식적으로 '안녕하십니까'를 외쳤다. 출근길 회사 앞에 서서 위용 있는 건물만 스윽 올려 봐도 미소가 지어졌다. 왠지 모를 뿌듯함에 어깨가 절로 펴지고 심장이 쫄깃해지던 순간이 분명 있었다. 하지만 남모르게 만끽하던 영광의 순간은 부지불식간 기억 저편으로 사라졌다.

팀장은 오전 7시에 출근해서는 '나보다 일찍 나오는 사람이 아무도 없니?'라며 나무랐고, 항상 '빨리빨리!'를 입에 달고 살았다. 한 선배는 검은색 셔츠를 입은 내게 '밤무대 나가니?'라며 비아냥거렸고, 납품 일정을 맞추기 어렵다는 말에 품의서를 구겨 면전에 집어던지는 윗사람도 있었다. 이성 동료와 친하게 지내면 사귄다는 소문이 순식간에 퍼졌고, 동료들의 싸늘한 말 한 마디가 비수처럼 꽂히기도 했다. '과연 내가 이곳에서 살아남을 수 있을까?'

낮에는 정신없이 업무와 사람들에게 시달리고 저녁과 주말, 심지어 연휴와 휴가까지 반납하며 직장인 부대에 정식으로 합류하게 되니 '나'라는 존재는 조직 속 일개 부속품에 지나지 않는다는 사실을 깨닫게 되었다.

직장이라는 곳, 조직이라는 곳이 군대보다 녹록치 않다는 것을 하루가 다르게 실감했다. 신입 사원 시절에는 일이 없어 고민했다. 시간이 지나면서 눈치 봐야 할 일들이 쏟아져오자 힘에 부쳐 몸보다 정신이 먼저 피폐해져 갔다. 가장 힘이 드는 것은 바로 인간관계였다. 어쩜 이리도 각양각색의 사람들이 모였는지 어느 장단에 춤을 춰야 할까 초 단위로 혼란스러웠다.

세월이 흐르면서 일 더미와 더불어 깊어 가는 미간 주름을 훈장처럼 달고, 마치 잘 길들여진 좀비 같은 생활을 이어오던 직장 생활 5년 차 즈음, 불현듯 더 이상 못 버틸 것 같다는 생각이 들었다. '내가 지금 여기에서 뭐하고 있는 거지?' '내가 정말 하고 싶던 일이 아닌데….' '그런데 내가 뭘 하고 싶었더라?' '언제까지 이 짓을 해야 할까?'

미래에 대한 불안한 고민과 함께 의욕과 열정은 소멸해갔다. 열정으로 가득했던 초심은 온데간데없이 사라지고 불평불만 전도사라도 된 것 마냥 친구에게, 동료에게 신세한탄만 늘어놨다.

심장이 죄여오며 초조해지기 시작했다. 때려치워야 하나? 이직을 해볼까? 창업을 할까? 이런 만성적인 생각을 질병처럼 수년간 가슴에 품고 살았다. 고민에 고민을 거듭해도 명확한 탈출 방법은 없었다. 선불리 나갈 용기도 없으면서 대나무 밭에서 '임금님 귀는 당나귀 귀'라고 외치며 꼬박꼬박 월급 챙기는 내가 참 간사하고 한심했다. 절이 싫으면 중이 떠나야 하거늘, 절은 싫었지만 떠날 수 없어 결국 남모르게 백기를 흔들며 회사에서 돌파구를 찾기로 결심했다.

'꿈은 불만에서 생겨난다. 만족하는 사람은 꿈을 꾸지 않는다. 사람은 어느 곳에서 꿈을 꾸는가? 배고프고 추운 곳이나 병원 또는 감옥에서 사람은 꿈을 꾼다.'

프랑스 극작가 앙리 드 몽테를랑Henri de Montherland의 말에 감명받아 '불만'에서 꿈을 키우기로 마음먹었다. 지리멸렬한 상황을 잠식시키기 위해 동병상련을 겪는 직장인들의 생활을 엿보기 시작했다. 회사 생활과 관련된 수십 권의 자기계발서를 찾아 읽고, 직장인 관련 뉴스를 정독하는 게 일상이 됐다.

비슷한 이야기들을 꾸준히 접하다 보니 불변의 공통점이 눈에 띄었다. 직장 생활은 당연히 불행한 것이고, 직장인들은 항상 불만이 많은 불쌍한 존재라는 것이었다. '남들이 불행하고 불쌍하다는 이유로 나까지 그럴 필요는 없지'라는 생각에 정신이 번쩍 들었다. 이에 반기를 들기 위해 그때부터 글을 쓰기 시작했다. 떠나지 못할 것이라면 그 안에서 살아남는 법을 찾는 것이 진정한 탈출이라고 여기며 나만의 답을 구하기 위함이었다.

직장인들의 삶은 엇비슷하게 돌아간다. 특히 처음 입사 후 3년에서 9년차 정도까지는 누구나 복잡한 생각의 소용돌이에 휘말려 하루에도 열두 번씩 흔들릴 것이다. 태풍의 눈을 살짝 비켜서 있는 후배들에게 내가 겪으며 깨달았던 '버티는 노하우'를 들려주고 싶다. 야심찬 꿈, 가늠할 수 없는 기대를 품고 입사했을 후배들이 직장에서 시련을 겪고 고민하는 순간에 좌절하지 않도록 도움 주는 든든한 가이드가 되고 싶다. 아직은 부족한 나의 인생 경험과 깨달음이 직장 생활의 정답이나 진리가 될 수는 없겠지만, 여러 갈림길 앞에서 머리를 부여잡고 혼란스러워하는 후배들에게 작은 이정표는 되어줄 수 있지 않을까?

이 책은 '사표 내지 않을 용기'를 지닌 나에게 바치는, 사표 대신 쓴 바른 생활 직장인 보고서다. '헐!'이라는 한 마디에 모든 것을 담고 있는 직장 생활. 한 마디 탄식 속에서 상상할 수도 없는 우여곡절을 미리 겪은 선배의 금쪽같은 경험과 깨달음을 공유하고, 공감하며 조금이나마 극복할 수 있는 팁을 얻어가기 바란다.

직장 생활은 절대 만만치 않다. 조금이라도 유연하게 대처하기 위해서는 꽤 다양한 좌절과 실패를 경험해야 한다. 그래야 그나마 다시 넘어지지 않을 수 있다. 그동안 많은 직장인 자기계발서가 나왔지만 이론적이거나 낡은 경험에 의존한 내용들이 많았다. 젊은 직장인들은 여전히 명쾌한 갈증해소를 필요로 한다.

이 책은 읽으며 바로 소화할 수 있는 직장인 성장 도서다. 책에서 소개하는 역경과 고난, 인간관계, 좌절, 습관에 관한 사례들은 직장 생활에서 누구나 흔히 마주하게 되는 상황들이다. 이 이야기들을 통해 후배들이 용기와 자신감을 가지고 직장 생활의 고단함과 고마움을 동시에 느끼며 스스로 헤쳐 나갈 수 있게 되기를 바란다. 누구에게나 똑같이 주어진 기회를 좀 더 영악하게 이용해 남들보다 조금 더 잘난 직장인이 되기를 기원한다. 더 나아가 상사, 동료, 후배와 적극적인 소통으로 행복한 직장 생활을 이어나가길 응원한다.

2017년 여름
장한이

contents

chapter 3 : : 반복되는 좌절을 통해 거듭나다

chapter 4 : : 작은 습관이 10년 후 인생 판도를 바꾼다

chapter. 1

흔들리지 않고 버틸 때 직장 생활의 묘미가 시작된다

직장인에게 찾아오는 3·6·9 마의 고비

'이 또한 지나가리라'

직장인의 삶이란 늘 힘겹지만 특히나 더욱 괴로울 때가 있다. 매일매일 반복되는 똑같은 업무, 적성에 맞지 않는 일, 부당한 대우, 만족스럽지 못한 연봉과 나를 괴롭히는 사람들…. 이렇게 지겨운 일상이 거듭되다 보면 '계속 회사를 다녀야 하나' 고민하는 시기가 온다. 직장인이라면 누구나 최소 세 번은 겪는다는 슬럼프 기간이다.

첫 슬럼프는 입사 3년차 즈음 찾아온다. 3년 정도 지나면 일에 대한 흥미가 떨어지고 이직이나 진로에 대해 고민하게 되는 경우가 많다. 1년 차 신입 사원일 때는 바짝 긴장해서 정신없이 일을 배우고,

2년 차쯤 되면 업무가 손에 익기 시작한다. 3년 차에는 조직 문화나 웬만한 일 그리고 사람들에 익숙해지면서 처음의 설렘과 열정이 사라진다. 자신을 돌아볼 여유가 생기게 되고 좀 더 나은 미래에 대해 생각하기 시작한다.

이런 심리적 상태는 3년 차에 이어 6년, 9년 차에 온다고 해서 '3·6·9 증후군'이라고 불린다. 3·6·9 증후군은 직급 체계와도 연관이 있다. 기업별로 다르지만 4~5년 차에 대리, 8~9년 차에 과장, 10년 이상을 훌쩍 넘기면서 차장이나 부장으로 승진하게 된다. 제 때 진급해 사회생활을 이어간다면 큰 문제가 없겠지만 10년 넘는 시간의 변수는 서열을 뒤섞이게 만들기도 한다. 이 때문에 직장인들은 미래에 대해 더욱 불안한 감정을 체감한다.

세 번의 슬럼프를 잘 극복한다면 회사에 남아 큰 흔들림 없는 직장 생활을 이어갈 것이다. 그러나 이 시기를 극복하지 못해 퇴사나 이직을 하는 경우도 있다. 순간적인 감정에 휩쓸려 다른 곳으로 환경을 바꾼다고 슬럼프가 극복되는 것은 아니다. 마음의 병인 슬럼프는 '어디에서'인지가 중요한 것이 아니라 '어떻게 헤쳐 나가느냐'가 중요한 문제다.

뻔하더라도 스스로 버티는 법을 터득해야 한다. 주변인들이 SNS나 책상 앞에 '피할 수 없으면 즐겨라' '카르페 디엠carpe diem, 현재를 즐겨라' '이 또한 지나가리라' 같은 문구를 적어둔 모습을 본 적이 있을 것이다. 힘든 상황을 극복하려는 눈물겨운 노력의 결과다.

그렇다면 직장인들은 어떻게 슬럼프의 위기에서 탈출할 수 있을까? 중요한 것은 무슨 수를 써서라도 직장 생활에서 활력을 찾아내야 한다는 점이다. 남들도 똑같이 겪는 슬럼프, 푸념과 좌절 보다는 어떤 형태로라도 견디기 위한 노력이 필요하다는 말이다. 그래야 쉽게 무너지지 않는다.

곁에 있는 아군의 소중함

대기업에 다니는 H과장은 선후배를 합쳐 네 명의 업무 파트너가 있지만 휴가, 출장 시 업무 인수인계를 2년 선배인 I과장에게만 한다. 선배지만 동갑이고, 가정환경과 취미 생활이 비슷해 사적인 자리에서 친구를 맺고, 우정을 싹 틔웠기 때문이다. 후배보다 편하고 믿을 수 있어 든든하다. I과장도 부탁을 거절하지 않고, 적극적으로 협조한다. 업무에 관해서는 과감한 조언도 아끼지 않아 가끔 마찰도 있지만 서로가 절친하다는 생각은 변함없다.

직장에서는 공과 사를 반드시 구분해야 한다는 이야기를 자주 접한다. 또한 직장 동료를 친구나 동지로 생각하지 말고 적당히 사무적으로 대해야 상처받지 않는다는 충고도 듣고는 했다. 업무적으로 공과 사를 확실하게 구분 지어야 되는 것은 맞지만 사적인 친분 덕분에 어려운 업무가 수월하게 풀리는 경우도 많다.

인적관리 컨설팅을 하는 사회심리학자 론 프리드먼Ron Friedman은 일하기 좋은 직장의 조건 중 하나로 '구성원이 회사 동료들과 친밀한 관계를 유지하는 것'을 꼽는다. 친한 사람이 많은 곳일수록 회사에 대한 충성도가 높아지고 적극적인 피드백이 늘어난다. 또한 직장 생활에서 동료들 간의 끈끈한 우정이 중요한 이유는 단순히 직원들이 심리적 안정을 얻기 때문만이 아니라고 한다. 동료애는 직원들의 업무 몰입도를 높이고, 더 나은 평가를 받기 위해 서로 노력하도록 이끈다.

직장에서의 좋은 인간관계는 이직률을 줄이는 효과도 있다. 1년 365일 중 가족보다 더 오랜 시간을 함께 보내야 하는 동료들과 사무적인 관계만 이어간다면 직장 생활은 척박해진다. 학창 시절 친한 친구들 덕분에 학교생활이 든든했던 기억이 있을 것이다. 직장에서도 마찬가지다. 직장은 수직 구조가 확실한 곳이지만, 동료들 간 끈끈한 우정을 꽃피운다고 해서 문제가 될 것은 없다.

각자의 업무가 있는 직장에서 누군가에게 편하게 내 업무를 부탁하는 일이 쉽지는 않다. 그런데 이러한 부탁을 흔쾌히 들어줄 수 있는 믿음직한 아군이 있는 직장인의 업무 성과와 만족도는 높을 수밖에 없다.

직장에서 힘든 일을 겪게 되었을 때 마음을 나눌 누군가가 있다면 훨씬 위안이 될 것이다. 그 주인공이 가까운 공간에서 가족보다 많은 시간을 함께하는 직장 동료라면 금상첨화다. 더욱이 언젠가 상사에게 심하게 깨지는 순간을 함께한 사이라면 친밀함의 강도는 두말할 필요도 없다.

직장이란 곳은 혈혈단신 독불장군으로 살아가기 힘든 곳이다. 그러니 내 마음의 고통을 가족보다 깊이 헤아려 줄 소울메이트를 곁에 두기 바란다. 분명 직장에서 우여곡절을 버티는 힘이 되어주리라.

고용주의 시스템을 믿지 마라

평소 명랑하고 활발했던 대기업 6년차 직장인 D대리는 언제부터인가 침울한 모습을 보이기 시작했다. 이 팀, 저 팀을 오가며 열정을 불살라 일했지만 슬럼프에서 헤어 나오지 못했다. 히이 증 발언도 눈에 띄게 줄었다. 어느 날 무기력에 빠진 D대리가 내게 "선배, 나 관두고 좀 쉬고 싶은데…"라는 말을 던졌다. 나는 다른 회사를 미리 구해놓고 나가든지, 아니면 하고 싶었던 공부라도 시작해보라는 식상한 조언만 내놨다. 고민하던 후배는 6개월 만에 어린 시절부터 꿈꿨던 메이크업 아티스트 자격증을 땄고, 사내 강좌를 개설해 재능 기부 형식으로 수업을 맡아 진행했다. 중요한 약속이 있는 동료들에게 화장을 손수 해주며 만족감을 느꼈고, 회사 내에서 자신의 재능을 표출하며 자연스럽게 삶의 균형을 찾았다.

입사 3년 차쯤 슬럼프에 빠져 다른 회사를 기웃거리며 팀장을 속이고 면접까지 본 적이 있다. 결국 면접비 몇 만 원 챙기고 원래의 자리를 찾아 돌아왔지만, 몇 년 되지 않아 또 비슷한 상황에 맞닥뜨렸다. 도망치는 것도 귀찮다는 생각이 들었고 그렇다고 버티는 것도 힘들었다. 그저 출퇴근 길, 주말, 점심시간에 틈틈이 책을 읽고 남들 생각에 위안받으며 고개만 끄덕였다. 그러다 블로그에 내가 처한 상황과 잡념을 가감 없이 적기 시작했다.

시간이 지나면서 내 이야기에 공감하는 사람들이 생겨났다. 비슷한 처지의 직장인들과 소통하며 위안도 받았다. 온라인에 꾸준히 한 분야의 글을 쓰다 보니, 여러 기업에서 원고 청탁이 들어왔고 심지어는 강의 요청도 받았다. 삶에 활력이 돌기 시작했다. 슬럼프는 순식간에 지나갔다. 직장 생활에서 파생되는 적당한 잡념과 스트레스가 '글쓰기'라는 과거 내가 좋아했던 일을 무의식 중에 찾아낸 것이다.

누구나 좋아했던 일, 몰두했던 일이 있을 것이다. 그렇지만 바쁘고 힘들다는 핑계로 적당히 덮어놓고 지내는 경우가 많다. 여유는 만들어지는 것이 아니라 스스로 만드는 것이다. 미련하게 흘러가는 세월의 먼지가 소복이 쌓이기 전에 잊고 있던 취미를 다시 꺼내보는 것도 슬럼프를 극복하는 방법이다.

한 10대 건설사의 사내 웹진에는 이색 특기와 취미를 가진 임직원을 소개하는 코너가 있다. 펜싱, 크로스핏, 로드바이크, 레고, 탁구, 테니스, 미식축구, 드론, 여행 등 정말 다양한 취미를 가진 직장인이 많다. 인터뷰 내용을 보면 이들은 한결같이 이러한 활동을 통해 스트레스를 극복하고 일과 삶의 균형을 찾는다고 말한다.

나이젤 마쉬Nigel Marsh의 TED 강연 '일과 삶의 균형을 어떻게 이루는가'에서 그는 이 균형을 고용주의 손에 맡기면 안 된다고 언급했다. 아무리 좋은 기업이라 할지라도 기업은 직원을 최대한 이용하는 시스템으로 작동하기 마련이다. 그러니 삶에서 자신이 원하는 경계를 각자 설정하고 실행해야 한다고 강조한다. 그는 일과 삶의 균형을 이룬다는 것이 인생에 있어서 극적인 대변동을 의미하기는 않는다고 전하며, 최소한의 투자로 개인적 시간과 일 사이의 균형 잡힌 이상적인 하루를 설계하라고 말했다.

마쉬의 말처럼 회사는 우리가 처한 근본적인 문제를 해결해줄 수 없다. 그러니 스스로 해결 방안을 찾아야 한다. 직장 생활이 순탄치 않은 순간에는 일과 삶의 균형을 위해 관심을 살짝 다른 곳으로 돌려보는 것도 방법이다. 개인 생활과 직장 생활의 경계가 무너지는 요즘 시대에, 일에서 오는 스트레스를 최소화하고 슬럼프를 극복해야 버틸 힘이 생긴다.

꼭 잘하는 일을 할 필요는 없다. 좋아하는 것, 관심이 가는 것, 꼭 한 번 해보고 싶었던 것에서 흥미를 찾으면 된다. 어디에든 발을 들여놓기까지가 어렵지 시작한 이상 절반은 성공한 셈이다. 더 이상 미루지 말자.

거대한 차이를 부르는 사소한 태도

십여 년 전 친구 세명과 도서관에 출근 도장을 찍으며 취업을 위해 부단히 애쓰던 때가 있었다. 낙방에 낙방을 거듭했지만 결국 모두 국내 10대 기업에 입사했다. 그중 한 친구와 나는 첫 회사에 10년 이상 다니고 있는 반면 또 다른 친구는 회사를 세 번이나 옮겼다. '우리 회사는 만년 업계 2위야' '회사가 너무 멀어' '지겨워' '복리후생이 빈약해'라는 이유에서였다. 취업준비생 시절과는 달리 부정적인 태도로 일관하는 친구를 보고 있자니 신입사원 시절 갓 구워낸 사원증을 목에 걸고 자랑하던 때가 떠올라 씁쓸했다.

10여년 전에 비해 대학 졸업자 수가 10만 명가량 늘었지만 취업시장은 빙하기에 접어들었다. 청년들에게 대한민국은 '헬조선' '불지옥반도'가 됐고, 일하고 싶어도 일할 수 없는 고스펙 구직자가 지천에 널렸다.

치열한 경쟁을 뚫고 매일매일 출근할 곳을 찾은 직장인들은 행복할까? 불평불만이 없는 사람은 찾아볼 수 없고, '더럽고 치사해서 관둔다. 내가 여기 아니면 갈 데가 없을까봐'라는 말을 수시로 내 뱉으며 스스로의 가치를 절하시키고 있다.

"태도는 사소한 것이지만, 그것이 만드는 차이는 엄청나다. 즉 어떤 '마음가짐을 갖느냐'가 '어떤 일을 하느냐'보다 더 큰 가치를 만들 수 있다."

윈스턴 처칠Winston Churchill이 남긴 이 말처럼 부정적인 생각을 가지고 직장 생활에 임하면 모든 일은 삐딱하게 보일 것이고, 만족할 줄 모르는 삶 속에서 스스로의 인생을 좀먹게 된다.

하버드 대학교 심리학 교수인 윌리엄 제임스William James는 "아주 사소한 생각조차 영향을 미쳐 뇌 구조를 변화시킨다. 생각 하나하나가 뇌 구조를 쉬지 않고 바꾸는 것이다. 좋은 생각이든 나쁜 생각이든 뇌에 배선을 만든다. 같은 생각을 여러 번 반복하면 습관으로 굳어진다. 성격도 생각하는 방향으로 변한다. 그러니 생각을 원하는 방향으로 움직이게 하고 그 상태를 단단히 유지해 새로운 습관을 들여라. 그러면 뇌 구조가 그에 맞게 변경될 것이다"라는 말로 사소한 생각의 힘과 습관의 중요성을 강조했다. 긍정적인 마인드에서 시작되는 일은 긍정의 결과를 낳고, 반대로 '삐딱선' 탄 부정적인 생각은 성격조차 그렇게 움직다는 말이다.

요즘은 자신이 원한다고 회사에 남아서 일할 수 있는 시대가 아니다. 스스로 노력하며 진화해야 단 1년이라도 더 버틸 수 있다. 꼬리에 꼬리를 무는 부정적 생각은 정서적 허기에 시달리듯 결코 채워지지 않는 만족에 대한 갈증만을 증폭시킨다.

취업준비생 시절을 떠올려보라. 일할 수 있는 직장이 있고, 매달 꼬박꼬박 들어오는 월급으로 카드 값을 갚을 수 있음이 얼마나 감사한 일인가. 내가 직장을 다님으로써 가족이나 애인, 친구들이 행복할 수 있음에도 감사해야 한다. 함께 술 한 잔 기울일 동료가 있음에 다시 한번 감사한 마음을 지녀보자. 생각하기에 따라 감사할 일은 끝도 없다.

바로 사소한 태도의 차이다. 긍정적인 마음으로 자신을 대하라. 모든 일은 생각하기에 달려 있다는 말을 되뇌며, 세상을 좀 더 넓게 보는 시야를 갖춰야 한다. 사람은 마음먹기에 따라 눈빛이 달라진다. 입사 때의 패기, 이 회사가 아니면 안 된다는 절실했던 외침과 태도를 쉽게 잊지 말자.

현재를 극복하지 못하면 미래도 없다

철학자이자 사상가인 아우렐리우스 아우구스티누스Aurelius Augustinus의 저서《고백록》에서 다음과 같이 시간의 중요성을 강조한다.

"엄밀한 의미에서 과거·현재·미래라는 세 시간이 있는 게 아닙니다. 엄밀하게 세 개의 시간은 과거의 것에 대한 현재, 현재의 것에 대한 현재, 미래의 것에 대한 현재인 것입니다. 사실 이 세 가지는 마음속에 있으며 마음 이외에서는 찾아볼 수 없습니다. 과거의 것에 대한 현재는 기억이며, 현재의 것에 대한 현재는 직관이며, 미래의 것에 대한 현재는 기대인 것입니다."

시간은 어느 순간에도 존재하지만 그 순간들을 결정하는 것은 바로 현재라는 것이다. 라틴어 'carpe diem'과 영어 속담 'Seize the day'는 모두 '현재에 충실하라'는 말이다. 현재를 극복하지 못하면 미래도 없다. 과거보다, 미래보다 중요한 현재를 잡아야 슬럼프도 극복할 수 있다. 슬럼프는 퇴사나 이직 등 현실 도피로 해결되는 문제가 아니다. 현재의 자신을 뛰어넘어야 근본적인 문제를 해결할 수 있다.

'만사가 귀찮고 모두 다 싫다. 그만둘까?'라는 도피를 수반하는 일차원적인 발상은 휴지통으로 던져버리고, 지금 당장 나만의 백신을 찾아 나서자. 시작이 반이고, 현재의 노력이 미래의 성공을 보장한다는 사실을 잊지 말아야 한다.

불쑥 찾아오는 회의감에 맞서려면

•

확실한 아군을 심어놓아라.
직장 내 끈끈한 인간관계는 이직률을 줄일 정도의 영향력을 지닌다.

•

고용주의 시스템을 믿지 마라.
일과 삶의 경계는 스스로 정해야 한다. 회사가 절대 구분지어 주지 않는다.

•

사소한 태도로 뇌 구조를 바꿔라.
작은 태도의 차이가 옆 자리 동료와 엄청난 격차를 만든다.

나 혼자만 뒤처진다는 공포심에 발버둥치다

박탈감과 열등감이라는 덫

사람에게는 타인과 자신을 비교하는 몹쓸 습관이 있다. 그러면서 위로를 받기도 하지만 대부분은 자기보다 잘난 사람과 비교하기 때문에 멀쩡한 자신을 초라하게 만드는 경우가 많다. 직장 내에 비교 대상이 명확히 존재하는 경우에는 더욱 그렇다. 동기나 후배가 잘나가는 모습을 보면서 상대적 박탈감을 느껴본 적이 있을 것이다. '나보다 잘난 것도 없는데' '나보다 열심히 하지도 않는데'라며 왠지 운이 좋은 것 같은 그들의 모습에 초라한 자신을 투영시키고는 낙담하기도 한다.

이처럼 상대가 자신보다 잘났음을 인정하지 못하는 경우에는 반발심에서 비롯하는 시기와 질투가 이어지고 더 나아가서는 상대방을 비방하게 되기도 한다. 평소 직장 내 친한 동료나 선후배 사이에서도 빈번하게 일어나는 일이다. 세계적 자기계발 전문가 브라이언 트레이시Brian Tracy는 이렇게 말했다.

> "탁월한 인물이 가진 특성 가운데 하나는 결코 다른 사람과 자신을 비교하지 않는다는 점이다. 그들은 자기 자신, 즉 자신이 과거에 이룬 성취와 미래의 가능성만을 비교한다."

'흙수저'를 물고 태어난 나를 '금수저' 친구와 비교하는 것은 아무 의미가 없다. 나의 비교 대상은 바로 과거의 나여야 한다. 현재의 처지를 비관하지 말고 자신의 발자취를 돌아보고, 부족한 과거를 발판 삼아 미래의 발전 가능성을 모색하는 것이 상대적 박탈감에서 빠져나오는 방법이다.

더욱 중요한 것은 잘나가는 이들이 왜 인정받을 수밖에 없는지에 대해 반드시 짚고 넘어가야 한다는 점이다. 인적자원개발 전문가 박태현 대표의 저서 《누가 회사에서 인정받는가》는 인정받는 사람이 반드시 챙기는 포인트로 역량, 열정, 소통과 협업을 꼽는다. 저자는 이 조건을 갖춘 사람이 조직 내에서 좋은 성과를 내며 지속적으로 성장하여 직업적 성공을 이뤄낼 수 있다고 주장한다.

직장에서 인정받고 싶다면, 현재의 상황을 역전하고 싶다면 그만큼 노력하고 객관적인 평가를 받아야 한다. 간혹 주관적 선입견이 크게 작용하는 경우도 있지만 조직에서는 결국 객관적 값으로 사람을 평가하게 되어있다.

승리는 최후의 생존자가 차지한다

대기업 건설사에 다니는 세 명의 동기가 있다. 나이는 셋 다 달랐지만 주말에도 만날 정도로 끈끈했다. 입사 후 10여년이 지났다. 가장 어린 동기가 제일 먼저 작은 팀의 팀장이 됐으나 각기 다른 팀에 근무하며 여전히 좋은 관계를 유지했다. 그러던 어느 날 가장 나이 많은 동기가 팀장이 된 동기를 업무 차 찾았다. 대화를 마치고 자리로 오자마자 메시지가 날아왔다. '다른 팀원들도 다 보는데 너무 편하게 대하는 건 좀 자제해주시죠.' 조직 생활의 삭막함에 둘은 서서히 멀어졌다.

함께 입사한 동기들과 어울리며 불타는 동지애를 외치는 시절은 잠시다. 일반 기업에서는 보통 3~5년 정도가 지나면 대리로 진급한다. 여기까지는 비슷하다. 그 이후부터는 들어온 순서와 상관없이 과장, 차장, 부장으로 승진한다. 이에 따라 직장 내 비중과 연봉 차이도 발생하기 시작한다. 한날한시에 함께 입사한 동기지만 점점 다른 길을 걷고 있다는 생각이 들면 직장 생활은 초조해진다.

엎친 데 덮친 격으로 후배들이 먼저 진급하기도 한다. 마음은 점점 더 불안초조해지고 주변의 눈치까지 보게 된다. '나를 무능력하게 보지는 않을까?'라는 근심걱정이 쌓여간다. 업무능률은 점점 떨어지고 이직까지 생각하게 된다. '차라리 안 보면 편하겠지' '다른 곳에 가서 새로운 마음으로 내 능력을 맘껏 펼치는 거야'라는 상상이 시종일관 머릿속에 맴돌기도 한다.

미국 제32대 대통령 프랭클린 루스벨트Franklin Roosevelt의 부인 엘리너 루스벨트Eleanor Roosevelt는 "남들이 당신을 어떻게 생각할까 너무 걱정하지 마라. 그들은 그렇게 당신에 대해 많이 생각하지 않는다. 당신이 동의하지 않는 한 이 세상 누구도 당신이 열등하다고 느끼게 할 수 없다"라고 말했다. 괜히 스스로를 열등한 사람으로 만들 필요는 없는 것이다.

30년 넘는 직장 생활을 마치고 퇴직하신 상무님께서 늘 하셨던 말씀이 있다.

"나 대리 때 동기들은 다 차장이었지. 그런데 지금은 회사에 나밖에 안 남았어."

한두 번의 진급 누락에 크게 신경 쓰지 말라는 위로였다. 직장 생활은 1~2년으로 결정 나지 않는다. 강한 자가 살아남는 게 아니라 살아남고 보니 강한 자가 되어 있는 것이다. 성급하게 승패를 결정지을 필요는 없다.

'정리 해고' '명예퇴직' '삼팔선' '사오정'이란 말이 전혀 낯설지 않은 시대다. 그만큼 직장인들의 명줄이 점점 줄어들고 있다. 가뜩이나 짧아진 직장 생활에서 낙담만 하다 보면 직장인으로서의 생은 더욱 허무하게 끝날 것이다.

'가늘고 길게'라는 말이 있다. 너무 빨리 올라가면 금세 종착역에 다다라 더 이상 갈 곳이 없어진다. 실제로 임원이 되자마자 다음해에 짐을 싸는 경우도 허다하다. 조급한 상황일수록 마음의 여유를 가지고, 하지만 때로는 '임팩트' 있게 자신의 존재를 드러낸다는 생각으로 생활해야 한다. '대기만성大器晩成'이 될지 '용두사미龍頭蛇尾'가 될지는 끝까지 가봐야 알 수 있다.

잘나가는 데는 다 이유가 있다

경영학을 전공한 고교 동창 J는 영업을 천직으로 알고 살았다. 스스로 별 볼 일 없다며 동창회에도 잘 나오지 않았다. 그런데 건강 문제로 영업직을 더 이상 할 수 없게 되었다. 평소 평판이 좋았던 J는 팀장의 권유로 전공을 살려 자금팀에 들어가 M&A 업무를 맡게 됐다. 생소한 분야에서 어려운 업무를 만나 어쩔 수 없이 새로운 공부를 시작했다. 방법을 몰라 헤매던 J의 눈에 2년 선배가 들어왔다. CFA(공인재무분석사) 3차 시험을 마치고, 해외 MBA까지 마친 선배였다. 이 선배만큼만 되자는 목표로 좋아하던 술자리를 줄여가며 자격증을 취득하고, 사내 스폰서십 해외 MBA에도 도전해 학업을 마쳤다. 그 후 직장에서 핵심 인재로 급부상한 J는 친구들의 시기 어린 부러움을 즐기며 동창회에 빠지지 않는다.

직장인들은 사내의 소소한 모임뿐만 아니라 동문회 같은 자리에 나갈 일이 많다. 이러한 행사를 적극적으로 주도하는 사람은 소위 좀 '잘나가는' 친구들인 경우가 대부분이다. 그래서일까. 학창 시절의 우정만을 생각하며 참석하던 모임이 점점 벌어지는 삶의 격차 때문에 어느 날부터 껄끄럽게 느껴지기도 한다.

비슷한 시기에 사회생활을 시작했지만 나보다 직급이 먼저 높아진 동료나 억대 연봉을 받는 등 소위 잘나가는 친구에게 "오, 진짜 멋지다. 대박!"이라는 말을 내뱉으면서도 속으로는 '젠장, 난 뭐지? 내가 쟤보다 못한 게 없었는데'라는 생각에 쓰디쓴 웃음을 삼킨다.

누군가 나보다 빠르게 성공하거나, 좋은 직장에서 '착한' 연봉을 받는 모습을 보면 괜히 혼자 뒤쳐지는 느낌이 든다. 이런 마음은 '왕년에 내가 더 잘나갔었는데…'라는 과거 지향적인 집착에서 비롯된다. 불필요한 옛일은 버리고 현실을 배양해야 한다.

일본의 경제지 〈다임DIME〉이 '젊은 나이에 회사에서 두각을 나타내는 사람들의 특징'을 소개했다. 30세부터 잘나가는 직장인들에게는 일정한 공통분모가 존재한다는 내용이다. 우리나라는 국방의 의무가 있어 사회에 진출하는 시점이 일본과는 다르니 '30대부터'로 이해하는 것이 적합하겠다.

첫 번째 특징은 일관성 있는 경력 관리다. 30대에 잘나가는 직장인은 대학 졸업 후 희망하던 회사에 들어가 순조롭게 경력을 쌓아온 사람이 많다. 이직을 반복하면서 직장마다 다른 일을 해온 사람보다는 월등히 나은 업무를 맡게 되는 것이다. 섣부른 이직보다는 경력의 일관성이 우선이다.

두 번째는 현재 업무가 적성에 맞는다는 것이다. 적성에 맞는 직무를 선택했기 때문에 일을 쉽게 익히는 것은 물론, 별 탈 없이 탄탄대로를 달리게 된다.

세 번째는 상사 복이 있다는 점이다. 상사의 존재는 누구에게나 중요하다. 성과를 냈을 때 상사가 알아주고 좋은 평가를 해주지 않으면 어디에서도 인정받기 힘들다. 또한 30대까지는 경력이 얕고, 경험도 부족하기 때문에 반드시 조력자가 필요하다.

네 번째는 평판 관리다. 주변에 나를 지지하는 사람이 있으면 자신감이 생기고, 능률도 올라 능력을 충분히 발휘하게 된다. 상사와 동료를 내 편으로 만드는 영리한 사람이 아무래도 유리한 법이다.

직장에서 승승장구하는 데에는 분명히 이유가 있다. 좌절과 열등감에 사로잡혀 조급하게 발만 동동 구르지 말고 자신의 부족한 면을 채우기 위한 준비를 하자. 살아남기 위해 필요한 것은 시기와 질투가 아니라 준비와 실행이다.

졸업 후에도 따라다니는 학벌 콤플렉스

국내파 디자이너들로 구성된 대기업 디자인실. 외부에서 해외파 출신 팀장이 부임하자마자 유학 경험이 있는 두 명이 디자이너를 새로 뽑았다. 그 이후에도 디자인실에 인력 보충이 있을 때마다 자리는 해외파로 채워졌다. 어느 순간 디자인실에 국내 대학 출신은 단 한 명만 남게 되었다. 한국에서는 알아주는 미대 출신이었지만, 해외파에 대한 열등감을 견디지 못해 결국 팀을 떠나고 말았다.

취업포털 사람인이 직장인을 대상으로 조사한 설문 결과에 따르면 '회사 내에서 학벌 콤플렉스를 느끼는 편인가'라는 질문에 직장인 53퍼센트가 '그렇다'고 답했고, 73퍼센트가 '학벌 때문에 회사 생활에서 손해를 봤다고 느꼈다'는 응답을 내놓았다.

실제로 사회 생활을 하다보면 학벌에 밀려 불이익을 당하는 경우가 종종 있다. 이제 와서 졸업장을 바꿀 수는 없으니 더욱 큰 상실감을 맛보게 된다. 흘러간 입시 결과를 바꿀 수 있는 방법은 서류 위조뿐이다. 그러니 학벌 콤플렉스를 극복할 색다른 방법을 찾아야 한다.

커리어 개발에 관한 도서 《직장학교》의 저자 박이언은 호기심이 새로운 학벌이라고 말한다. 자신을 둘러싼 세상에 대한 궁금증, 그 의문을 풀기 위해 끊임없이 배우는 습관이 새로운 학벌의 의미가 되어야 한다는 것이다. 그리고 자신에게 항상 '나는 남들보다 호기심이 부족하지는 않은가?'라는 질문을 던지고, 부족하다면 경각심을 가져야 한다며 탐구심의 중요성을 강조한다.

우리나라에서 직장인들의 공부란 '축! 취업 성공'의 순간까지로 한성되는 경우가 많다. 그래서 직장에 들어선 이후 배움의 속도는 현저하게 느려진다. 이럴 때일수록 열정을 가지고 더 남들이 정체할 때 치고 나가야 한다.

사회에서는 지속적인 배움을 동반하지 않으면 경쟁력을 잃어 생존 확률이 줄어든다. 그러니까 부족한 학벌에 콤플렉스를 느끼기보다는 '새로운 학벌'이 곧 생존의 지름길이자 경쟁력이라는 사실에 주목해야 한다.

가장 좋은 방법은 직무에 있어서 자신만의 무기를 만드는 것이다. 어떤 업무에서 나를 빼고는 논할 수 없는 상황을 만드는 것이 최고다. 외국어, IT나 그래픽 등의 기술, 문서 작성 능력, 기획력, 발표력 같은 업무 능력이나 성실함, 적극성, 친화력 같은 인간성도 눈에 띄는 강점이 된다.

본인 일에 관련된 전문성뿐만 아니라 호기심을 바탕으로 다양한 분야를 아우르며 배움의 반경을 넓혀야 한다. 요즘에는 광고나 홍보 전략에서부터 상품 개발, 마케팅에 이르기까지 인문학에서 힌트를 얻으려는 노력이 활발하게 번지고 있다. 직장인들이 심리학, 신화, 역사, 철학 등을 공부하는 이유는 인류의 의식 변화를 바탕으로 독

창적인 아이디어를 얻기 위함이다. 특별한 호기심과 배우려는 자세가 남다른 경쟁력이 된다는 좋은 근거라고 할 수 있다.

100년이 걸려 성장하는 참나무

직장 생활을 하다 보면 타인과 비교되는 자신의 신세를 한탄하며 오만 가지 생각에 사로잡히게 된다. 사회생활에서 누구나 겪는 성장통일 수도 있고, 시행착오를 겪어나가는 과정일 수도 있다. 남들과 비교하며 쉽게 낙담하거나 옆 사람의 타고난 본질에 주목하며 괜한 초조함이나 열등감에 사로잡힐 필요 없다.

《뿌리 깊은 영성》의 저자 강준민 목사는 "현대인에게 가장 무서운 병은 조급증이다. 사람들은 서서히 성장하는 것보다 급성장을 좋아한다. 급성장을 자랑거리로 삼는다. 어떤 버섯은 6시간이면 자란다. 호박은 6개월이면 자란다. 그러나 참나무는 6년이 걸리고, 건실한 참나무로 자태를 드러내려면 100년이 걸린다"라는 말로 서서히 그리고 건실하게 성장하라고 조언한다. 잠깐의 명성을 누리고 바람에 흩날려 사람들 발에 치이는 벚꽃보다는 사시사철 변함없이 푸르르고 우직한 소나무가 낫다는 말이다.

직장에서의 시련은 경험이고, 경험은 더욱 건실해지는 법을 배우는 기회다. 비 온 뒤 땅이 굳고, 강철은 맞으면 맞을수록 더욱 단단해지며, 직장인은 이겨내는 법을 알면 알수록 더욱 막강해진다. 잠시의 좌절을 너무 크게 확대 해석하지 말자. 순간적으로 욱하는 감정 때문에 회사 문을 박차고 나갈 필요 없다. 현재 잘나가는지가 중요한 것이 아니다. '지금의 자리에서 무엇을, 어떻게 하고 있는가'가 당신의 미래를 결정한다.

남과 비교하는 데 익숙해졌다면

•

타인의 시선에 갇히지 마라.
대기만성(大器晩成)이 될지 용두사미(龍頭蛇尾)가 될지는 끝까지 가봐야 안다.

•

시기와 질투를 낭비하지 마라.
좌절과 열등감이 아닌 준비와 실행이 잘나가는 직장인을 만든다.

•

호기심으로 학벌을 뛰어넘어라.
직장에서의 호기심 발동은 발전의 시작이며, 핑크빛 미래로 인도해줄 새로운 학벌이다.

권력의 갑질,
상사의 힘희롱

높은 자리에 오르면 왜 공감 능력이 떨어질까

힘희롱에 대한 대중적 관심이 확산된 것은 대한항공의 '땅콩 회항'으로 불리는 사건이 사회적 파장을 일으키면서부터다. 그 뒤로 운전기사나 경비원을 폭행하는 대기업 오너들의 다양한 모습이 언론에 심심치 않게 등장했다. 또한 힘희롱 때문에 자살한 어느 검사의 사건이 알려지면서 이는 더 이상 방치할 수 없는 사회적 문제로 대두되고 있다.

이른바 조직에서 약자를 괴롭히는 '힘희롱'은 일본에서 만들어진 신조어다. 'power harassment'를 줄여 표현한 단어로, 직장이나 일터에서 권력이 있는 윗사람들이 자신의 지위를 이용해 아랫사람을 괴롭히는 행위를 뜻한다.

권력의 갑질은 조직과 위계질서, 서열이 존재하는 곳 어디서나 나타나는 현상이다. 직장에서 상사가 자신의 권위를 지나치게 강요하다 보면 뜻하지 않게 힘희롱이 발생한다. 심할 경우에는 인간의 존엄성을 짓밟는 '인격 살인'임에도 자신의 행위가 상대를 얼마나 힘들게 하는지 모르는 경우가 대부분이다.

뇌신경 심리학자인 이안 로버트슨Ian Robertson 교수는 저서《승자의 뇌》에서 권력을 쥐면 사람의 뇌가 바뀐다고 주장했다. 권력에 중독되면 목표 달성과 자기 고집에 집중하면서 공감능력이 뚝 떨어진다고 한다. 뇌의 호르몬이 변하면서 타인의 감정을 읽고 재구성하는 기능을 담당하는 전두엽과 섬엽의 특정 기능이 저하된다는 이론이다.

직장인이라면 알아둘 필요가 있는 내용이다. 지피지기 백전불태知彼知己 百戰不殆라고 했다. 적을 조금이라도 이해하면 덜 위태로울 수 있고, 공격을 당해도 덜 상처받을 수 있다.

어디까지가 힘희롱인지 명확한 기준이 없고, 가해자는 인사권을 쥔 조직의 상사이기 때문에 문제를 수면 위로 끌어올리기가 쉽지 않다. 그렇기 때문에 직장인들은 하루에도 몇 번씩 상사의 힘희롱에 좌절하고 열 받고, 스트레스 받기 일쑤다. 그렇다고 하루하루 깊게 파여만 가는 상처를 가슴속에만 품고 살 수도 없는 노릇이다. 권력의 갑질, 힘희롱을 더 큰 위력으로 누를 수 없는 직장인들은 각자도생各自圖生해야만 한다.

2~3년만 버텨라

대기업에 다니는 일 잘하는 E대리. 어느 날 팀장에게 불려가 폭언을 듣고 눈물을 펑펑 쏟았다. 팀장은 평소 마음에 들지 않았던 E대리를 불러 이렇게 말했다. "이제부터 내가 말하는 것은 협의도 아니고, 의견을 구하는 것도 아니야. 명령이지."
팀장은 그동안 E대리의 행동에 대해 적어놨던 수첩을 펴놓고 심한 말을 퍼부었다. "넌 가정교육이 안 된 것 같아 너따위 잘라 버리고, 내 입맛에 맞는 사람 뽑는 건 일도 아니야."
E대리는 고민 끝에 인사팀장과의 면담을 통해 다른 부서로 옮길 수밖에 없었다.

인격 모독성 발언이 가미된 힘희롱의 전형적인 모습이다. 팀장의 행동은 하나부터 열까지 상사라는 위치에서 오로지 권력에만 의존하고 있다. 팀장의 머리에는 팀원들이 동지가 아닌 일개 부하라는 생각뿐이다.

팀장은 팀원들을 잘 보듬어 잠재력을 최대치로 이끌어내 훌륭한 성과를 일궈내야 할 의무가 있다. 반면 팀원들은 팀이 빛날 수 있도록 팀장을 잘 보필하며, 업무에 대한 책임감을 가지고 최선을 다해야 한다.

사실 E대리는 외부에서 새로 이동해 온 팀장의 업무 스타일이 이전 팀장과 많이 달라 힘들어했다. 그래서 회의 시간에 예전 상사의 업무 방식에 대한 이야기를 자주 꺼냈고, 새 팀장은 그러한 점을 못마땅하게 여겼다. 결국 반복되던 상황들이 곪아 상사는 폭발했고 서열의 수직 관계 속에서 힘희롱이라는 무기를 꺼내들었다.

조직에서 잊지 말아야 할 것은 직속 상사가 좋든 싫든 일단 장단을 맞추어야 한다는 점이다. 대놓고 반기를 들며 무시하거나 싫은 내색을 하는 부하 직원을 좋아할 상사는 아무도 없다.

직장 생활을 해보면 알겠지만, 한 명의 팀장과는 길어야 2~3년 일하는 경우가 대부분이다. 성급하게 현재의 난관을 인생 전체에 대입하는 우를 범해서는 안 된다. E대리도 팀장도 자신의 감정을 조금만 조절했다면, 그리고 일방적인 폭언보다는 대화와 소통을 시도했더라면 이처럼 비극적인 상황까지는 일어나지 않았을 것이다.

> "고통은 깨달음을 준다. 고통이 없다면 우리는 성장할 수 없다. 고통과 슬픔을 경험한 후에 우리는 진리 하나를 얻는다. 만약 지금 당신에게 슬픔이 찾아왔다면 기쁘게 맞이하고 마음속으로 공부할 준비를 갖추어라. 그러면 슬픔은 어느새 기쁨으로 바뀌고 고통은 즐거움으로 바뀔 것이다."

소설가 레프 톨스토이Lev Tolstoy가 남긴 말이다. 자신이 처한 상황을 너무 극단적으로 몰고 가지 말고 감정을 조절하라는 뜻이다.

조직은 개개인의 상황을 고려할 만큼 도량이 넓지 않고 전체의 조화를 우선시한다. 그러니 도덕적, 윤리적인 문제가 아니라면 개인의 감정보다는 조직의 상황과 룰을 따르는 것이 융화되는 방법이고 힘희롱의 표적이 되지 않는 방법이다.

무조건 쥐 죽은 듯 납작 엎드려 지내라는 말이 아니다. 직장 내 때와 장소에 따라 필요한 감정의 흐름을 조절해 스스로 '피해 반경'을 최소화하라는 것이다.

사소한 지적에도 분노하는 사람들

중견 여행사에 다니는 F주임. 평소 할 말은 하는 편이지만 상사의 막말에 망연자실했던 적이 한두 번이 아니다. 어느 날은 퇴근하는데 팀장이 "F주임 약속 있나?"라고 물었다. 여자 친구와 선약이 있던 F주임은 정중하게 사실을 말했지만, 팀장은 약속 있냐는 말만 되풀이했고, 끝까지 버티는 F주임에게 '개X끼'라고 욕했다. 결국 F주임은 여자 친구와의 약속을 취소하고 내키지 않는 술자리로 향할 수밖에 없었다.

팀장은 다음 날 회의 시간에 "요즘 메르스 때문에 여행업계 어려운데, 우리 팀에 사람 너무 많은 거 알지?"라며 F주임을 힐끔 쳐다봤다. 반복되는 팀장의 욕설과 힘희롱에 F주임은 "차라리 잘렸으면 좋겠다. 실업급여라도 받게…"라며 울분을 토로했다. 회사에 갖은 정이 떨어진 F주임은 얼마 뒤 다른 여행사로 이직했다.

요즘 일부 대기업들은 힘희롱에 대한 처벌을 강화하며 조직 문화 개선 캠페인을 펼치고 있다. 한 기업에서는 '폭언 규정집'을 만들어 배포하기도 했다. 그러나 이는 몇몇에 국한된 사례일 뿐 여전히 직장인들은 힘희롱의 사각지대에 놓여 있으며 꾸준히 고통받고 있다.

지금은 퇴직한 어느 대기업 임원이 팀장이던 시절, 그의 밑에서 일하던 직원은 하루가 멀다 하고 이어지는 막말과 폭언 테러에 신경정신과 치료를 받았다고 한다. 참다못해 팀장에게 의자를 집어던지고 회사를 그만둔 직원도 있었다고 하니 당시 분위기를 짐작해볼만하다.

어차피 일개 개인이 바꿀 수 없는 힘희롱에 대한 근본적인 원인 분석보다는 그에 대처하는 직원들의 심리상태에 집중할 필요가 있다. 이직을 택한 F주임을 포함해 신경정신과를 방문한 직원, 의자까지 내던진 직원의 공통점은 자존심이 크게 상했다는 것이다. 자존심은 남이 나를 인정해줄 때 지켜진다. 그래서 자존심이 센 사람들은 누구 한 명이라도 자신을 무시하면 큰 상처를 입는다.

그러나 자존감은 온전히 내가 나를 인정하는 것, 타인과 상관없이 내가 사랑 받을 만한 가치가 있는 소중한 존재임을 자각하는 마음이다. 똑같은 폭언을 듣고도 유독 잘 버티는 사람과 유난히 힘들어하는 사람들의 차이는 여기에서 온다.

남들을 크게 신경 쓰지 않는 자존감 높은 사람들은 타인의 독설에 큰 영향을 받지 않지만, 자존감이 낮은 사람들은 사소한 말에도 분노한다. 그러니 직장인들은 입사 후 급격하게 쓰러지는 자존감을 의식적으로 다시 일으켜 세울 필요가 있다.

《매일매일 쌓아가는 자신감》의 저자 데이비드 로렌스 프레스턴 David Lawrence Preston은 매일 15분 아이티아I-T-I-A Formula 실천을 통해 자존감을 높일 수 있다고 설명한다. 그는 "자신감을 쌓아야겠다는 목적Intention을 확고히 하고 스스로 자신감 있는 삶을 살겠다고 약속하라" "나는 안 될 거라는 사고방식Thinking을 '나는 된다'로 바꿔라" "스스로 자신감 있는 사람이라고 상상Imagination하라" "이미 자신감이 충분한 사람으로 행동Act하라"고 조언한다.

일어나지 않아도 될 일들이 수시로 일어나는 적자생존의 직장 환경에서 자기 자신은 스스로 지켜야 한다. 그러기 위해서는 자존감을 높여 정신력으로 무장하고 스스로 강해지는 법을 터득하는 것이 정도正道가 될 수 있다.

힘희롱의 다섯 가지 유형

대기업 직장인 G대리는 하루하루가 지옥 같다. 보고서에 오타를 발견한 상사는 "너 한글 모르니? 미국에서 대학 나와서 다 잊었나봐?"라고 핀잔을 주고, 결혼기념일이라 연차를 쓰겠다는 말에 "왜 그렇게 자주 쉬어? 주말에도 다 쉬고 언제 일할래?"라며 사람 속을 까맣게 태운다.

자기가 약속이 없는 날에는 "오늘 저녁 다들 일 있나?"라며 팀원들을 불러 모으고, 불참한 팀원들을 안주 삼아 욕하기 때문에 일주일에 두어 번은 누구 하나 빠질 수 없는 강제적 회식이 이어진다.

직장에는 다양한 종류의 상사들이 있고, 각양각색의 힘희롱이 존재한다. 힘과 권력을 사용해 전 직원이 보는 앞에서 고함치고 창피를 주는 등의 인격모독은 모욕죄에 해당하지만 경직된 기업 문화에서는 혼자 감내해야 하는 것이 현실이다.

앞서 언급했듯 권력에 중독되면 목표 달성과 자기 고집에만 집중한 나머지 공감능력이 떨어지게 된다. 힘희롱은 이런 상황에서 무조건 자신의 입장과 상황만을 고려하다보니 벌어지는 일이라고 일단 이해해보자. 그렇지만 업무가 됐든 회식이 됐든 강압적이고 폭력적인 조직 문화는 역효과를 불러일으킬 수밖에 없다. 업무 효율성을 떨어뜨리고 더 나아가서는 기업의 생산성에도 악영향을 줄 수 있다.

힘희롱을 일삼는 일부 윗사람들로 인해 직원들의 사기와 애사심은 바닥을 칠 것이고, 기가 약한 직원들은 우울증과 같은 정신적인 문제에도 봉착할 수 있다. 이처럼 다양한 문제를 예방하기 위해, 그리고 스스로 견뎌내기 위해서는 무지개처럼 다양한 빛깔의 성향을 가진 상사에게 대처하는 자신만의 노하우를 쌓아야 한다.

직장인들이 가장 두려워하는 유형은 폭력적이고 입이 험한 '독재자형'이다. 이들은 무리한 일을 아무렇지도 않게 강요한다. 이런 상사의 특징은 자신이 어떤 사람인지에 대한 객관적 자각이 전혀 없는 경우가 많다는 것이다. 그러니 괜한 트집을 잡히지 않기 위해서 기본적인 업무나 근태 등 일상생활에서의 허점과 약점을 보이지 않는 게 중요하다.

쉴 새 없이 자랑을 일삼는 '자아도취형'은 자신의 생각만을 강요하고, 타인의 의견을 업신여긴다. 이들은 자기 자신을 매우 좋아하기 때문에 반기를 들지 않고 적당히 이야기를 들어주며 맞장구 쳐주는 정도만으로도 어느 정도 관계를 유지할 수 있다.

감정기복이 심한 '기분파형'은 말의 앞뒤가 자꾸 바뀌고, 논리적이지 않으며, 불명확한 업무지시로 나중에 자신의 책임을 회피하려 한다. 기본적인 역량과 능력이 부족한 유형으로, 업무 지시 때 시간과 장소 등의 내용을 무조건 메모해놓으면 괜한 독박으로 인한 피해는 면할 수 있다.

타인에게 자신의 부하 직원을 욕하는 '이간질형'은 자신의 성공만을 생각하는 타입이다. 다른 사람에게 부하 직원을 욕함으로써 향후 자신의 폭언이나 행동을 정당화하려는 고단수다. 표면상으로라도 협력적 관계를 구축하는 것이 좋으며, 상사와 가까운 주위 사람들에게 미리 좋은 인상을 심어놓는 것도 중요하다.

사소한 일에 집착하는 '시누이형'은 말이 많고 잔소리가 심하며, 타인의 결점을 찾는 데 익숙하다. 또한 이들은 늘 부정적인 말과 행동으로 사람을 대한다. 하지만 자신이 던진 말을 쉽게 잊기 때문에 원래 그런 사람이라고 적당히 수긍하며 넘기면 상처를 덜 받을 수 있다.

절망적으로 들릴 수도 있지만, 상사의 힘희롱은 혼자 힘으로 절대 바꿀 수 없다. 당장은 스스로 견딜 수 있는 지구력과 인내심을 키우는 방법을 찾는 것이 급선무다.

최근 직장 내 성희롱 예방 교육이 어느 정도 자리를 잡았다고 한다. 사회적 이슈의 중심에 서 있는 힘희롱 역시 미리 막을 수 있도록 알맞은 교육과 관심이 더욱 확산되어야 할 것이다.

서로 다른 삶의 문맥이 갈등을 부른다

힘희롱은 상사와 삶의 문맥이 다르기 때문에 벌어지기도 한다. 젊은 층은 기성세대의 무조건적인 복종과 조직지향적 사고를 납득하기 어렵고, 기성세대는 신세대의 개인주의적인 성향이 이해되지 않는다.

이렇게 어긋난 삶의 문맥이 소통의 어려움을 야기해 불통으로 이어지고, 결국에는 소통의 단절을 의미하는 '호통'으로 표출되는 것이다. 물론 부하가 상사의 호통에 호통으로 맞설 수는 없기 때문에 참을성과 인내심을 기르고, 건강하게 화를 다스리며 버틸 힘을 키우는 수밖에 없다.

인도에서 대대로 내려온다는 '쿰바카kumbhaka 호흡법'이라는 것이 있다. 오른쪽 코를 막고 왼쪽 코로만 숨을 쉬면 몸이 차가워져 열이 식게 된다는 원리다. 화가 울컥 치솟을 때 왼쪽 코로 10~20번 호흡하면 마음을 다스리는데 큰 도움이 된다고 한다.

가장 중요한 것은 불편한 감정을 그저 억누르며 혼자 해결하려 하지 않는 것이다. 다른 사람에게 터놓고 이야기하며 화를 배출하는 습관을 들이자.

자신의 분노를 이해하고, 나를 지지해줄 누군가와 관계가 형성되면 화가 불러오는 스트레스는 반으로 줄고 상처도 금세 치유될 수 있다. 당신의 상황을 가장 잘 이해하고 있는 믿을만한 동료의 존재는 큰 위안이 된다.

"내 위주로 돌아가길 원해서 화가 나는 것이다. 다른 사람들이 나만 괴롭힌다고 생각하기 때문에 내가 괴롭다고 느끼는 것이다. 화는 그 사람의 입장에서 보면 연민이 되는 것. 분노는 내 입장에 서서 화가 나는 것이고, 연민은 그 사람의 입장에서 생각해보게 되는 것이다."

한 방송에서 정목 스님이 하신 말씀이다. 가끔은 입장을 바꿔 화를 다스리는 것도 상대를 이해하고 분노를 조절하는 방법이 된다.

상사 때문에 혼자 끙끙 앓고 있다면

•

감정 조절로 피해 반경을 최소화하라.
감정을 추스르며 조직 개편을 기다리자. 상사는 영원히 내 곁에 있는 존재가 아니다.

•

마음의 상처를 자존감으로 치유하라.
자중자애(自重自愛)하는 것이 스스로를 돕는 것임을 명심해야 한다.

•

권력자의 행동 패턴을 관찰하고 분석하라.
독재자형, 자아도취형, 기분파형, 이간질형, 시누이형 등 타입에 따라 대처법을 익혀야 한다.

직장인의 영원한 불치병, '월요병'

어려울 때 우는 것은 삼류

많은 직장인이 일요일 오후가 되면 우울해한다. 월요일 출근을 코앞에 두고 밀려오는 스트레스가 분노의 생리적 이름인 아드레날린의 분비를 솟구치게 하기 때문이다. 아침이 되면 딱히 어디 아픈 것도 아닌데 눈도 잘 안 떠지고 머리도 몸도 묵직하게 느껴지면서 피곤하기만 하다. 우울함, 피곤함, 지겨움의 대명사로 표현되는 이른바 '월요병'이다.

인터넷에서 사직서라는 단어가 가장 많이 검색되는 요일이 월요일이고, 직장인이 두통약을 가장 많이 사는 요일도 월요일이라고 한다. 한 방송사에서 월요병 해결책으로 '일요일에 출근해서 잠깐 일하면 도움된다'는 뉴스를 내보낸 후 네티즌들의 거센 비난을 받기도 했다. 그만큼 월요일은 직장인들에게 예민한 날이고, 스트레스 수치가 대폭 상승하는 날이다.

영국의 한 의학저널에서 '월요병의 10가지 진실'이라는 연구 결과를 내놓았다. 그중 몇 가지를 살펴보자.

월요일 오전 11시 16분 전까지는 대부분의 사람이 웃지 않는다.

월요일에 대해 많은 사람들은 약 12분 동안 불평한다.

월요일에는 업무에 집중하는 시간이 3시간 30분밖에 되지 않는다.

월요일은 자살률이 가장 높고, 심장병 발생 빈도도 잦은 날이다.

월요일은 시작과 희망이라는 목표지향적 의미를 잃은지 오래다. 왜 직장인들은 매주 어김없이 마주하는 월요일마다 무기력함에 취해 끌려다니기만 할까? 왜 월요일만 되면 당연한 듯 축 늘어진 채로 '피곤하다'는 말을 입에 달고 살까? 이런 상태로는 일에 대한 의욕을 찾을 수 없고, 업무에 대한 의지도 되살릴 수 없다.

소설가 리처드 폴 에반스Richard Paul Evans는 "장애물과 도전을 극복하지 못한다면 성공은 멀어진다. 반대로 장애물과 도전이 우리를 성공으로 이끈다"고 말했다. 직장인들의 삶에서 반드시 극복해야 할 수많은 장애물 중 하나가 월요병이다. 언제 어디서 나타날지 뻔히 아는 적에게 당하는 것만큼 허망하고 분한 일은 없다. "인간의 마음을 지옥으로 이끄는 것은 바로 어리석음이다"라는 부처님의 말씀처럼 월요일마다 직장인들의 마음이 지옥과도 같은 것은 극복하려는 노력이 결여된 탓이다.

월요일이 즐거워지기 위해, 주기적으로 찾아오는 불치병을 치료하기 위해 한 번이라도 노력해본 적이 있었던가? 한 주를 즐겁게 시작하면 직장 생활에 활력이 돌고, 더 나아가 일상적인 생활도, 인생도 한 층 밝아질 것이다. 직장인이라면 스스로 만든 마음의 지옥에서 벗어나 끌려다니는 삶이 아닌 내가 이끄는 삶을 되찾으려는 노력이 필요하다.

월요일을 특별하게 만들어줄 습관

A대리는 일요일 밤, 평소보다 일찍 잠자리에 든다. 7시간 이상 잠을 자면 기분이 상쾌해져 출근길 버스나 전철에서 졸지 않게 되기 때문이다. 대신 이어폰을 꽂아 월요일에만 듣는 클래식 음악을 든

고, 책 하나를 꺼내든다. 일주일을 시작하는 첫날, A대리는 캐논 변주곡과 얇은 책 한 권으로 스트레스 잊는 법을 터득하고 있다.

우리 뇌는 주기적으로 반복되는 것을 스스로 습관화한다. 담배를 끊기 위해 무던히 노력하는 사람들이 식후 그리고 술자리에서 무너지고, 다이어트를 선언한 사람들이 한 순간에 망연자실해지는 이유가 바로 뇌의 강한 명령 때문이다.

이는 다시 말해 긍정적인 습관도 뇌에 얼마든지 입력할 수 있다는 의미다. 작가 오그 만디노Og Mandino는 "인간을 성공으로 이끄는 가장 강력한 무기는 풍부한 지식이나 피나는 노력이 아니라 바로 습관이다. 왜냐하면 인간은 습관의 노예이기 때문이다. 아무도 이 강력한 폭군의 명령을 거스르지 못한다. 그러므로 다른 무엇보다도 내가 지켜야 할 첫 번째 법칙은 좋은 습관을 만들고 스스로 그 습관의 노예가 되는 것이다"라고 밝혔다. 의식적으로 좋은 습관을 만듦으로써 생활 리듬을 충분히 변화시킬 수 있다는 뜻이다.

영국 서섹스 대학교 인지심경심리학과 데이비드 루이스David Lewis 박사팀이 발표한 효과 좋은 스트레스 해소법 1위는 독서였다. 무슨 책을 읽는지는 중요하지 않으며 작가가 만든 공간에 푹 빠져 일상의 걱정과 스트레스, 근심으로부터 탈출할 수 있다고 전했다. 직장인들이 가장 쉽게 만들 수 있는 습관도 바로 독서다. 뇌에 독서라는 습관을 한 번 입히면 마음의 안정을 찾을 수 있고 스트레스를 해소할 수 있으며 덤으로 자기계발 기회도 얻게 된다.

한 전자책 플랫폼에서 직장인들이 공감하는 소재를 다룬 책들을 월요일 스트레스를 날려주는 도서로 선정하기도 했다. 이 밖에도 심리적 스트레스와 불안 해소법 등을 다룬 사시키 켄지의 도서 《굿바이, 지긋지긋 월요병》도 월요일이 끔찍한 직장인들에게 도움될 것이다.

반드시 독서가 아니더라도 좋다. 스마트폰 어플을 이용한 어학 공부, 세상을 배우기 위한 신문 정독, 음악 감상 등의 취미를 기르는 것도 정서적 안정과 스트레스 해소에 도움을 준다. 특히 좋은 음악은 우울한 기분을 해소시키는 손쉬운 방법이다. 한 연구에 따르면 음악이 스트레스 호르몬인 코르티솔을 낮춘다고 한다. 이때 중요한 것은 무조건 귀에 이어폰을 꽂고 음악을 켜는 것이 아니다. 월요일을 특별하게 만들어줄 '월요일 음악'을 별도로 마련해 월요일마다 반복적으로 들으면 뇌와 마음에 안정을 줄 수 있다. 음악은 나라에서 허락한 유일한 마약이라는 유머 섞인 표현이 있을 만큼 큰 위력을 가지고 있다.

이 밖에도 세계 지식인의 축제인 TED 강연 같은 영상을 주기적으로 감상하는 것도 마음을 안정시킴과 동시에 지식을 쌓고, 세계를 보는 눈을 키우기에 더 없이 좋은 습관이 된다.

작은 습관을 만들어 행동으로 옮기는 데는 약간의 동기나 의지만 있으면 충분하다. 하루 20~30분만 투자해보자. 뇌과학자들의 연구에 따르면 새로운 것이 습관화되기까지 평균 21일이 걸린다고 한다. 의식하지 않아도 습관이 완전히 몸에 배 익숙해지는 데는 약 63일에서 100일이 소요된다고 하니, 두세 달 정도 꾸준히 노력하면 월요병 극복을 위한 새로운 행동 패턴을 익힐 수 있다.

행복을 느끼게 하는 스트레스 호르몬

일요일 저녁이 되면 밀려드는 두려움과 스트레스 때문에 미간에 깊은 주름을 만든 채 담배를 줄기차게 피우던 때가 있었다. 월요일 출근길은 늘 몽롱하고 우울했다. 막무가내로 일을 시키는 팀장 덕분이었다. 친했던 다른 팀 팀장에게 고민을 말했더니 "인상 좀 펴라. 그런다고 나아지니? 앞으로 더 많은 일들이 생길 텐데, 그때는 한 보루씩 필래?"라는 답변을 주셨다. 생각을 바꾸라는 나름대로의 퉁명스런 위로였다.

드라마나 영화, 광고, 뉴스 등의 매스 미디어에서 직장인들은 늘 불행하고 힘들고 지치고 억울하고 외롭다고 외친다. 하지만 불행한 몇몇의 일상이 대한민국 모든 직장인들을 대변할 수는 없다.

어차피 피할 수 없는 숙명의 월요일이다. 그런데 직장인들은 왜 당연한 일로 굳이 스트레스를 받는 것일까? 그렇다고 화요일부터 갑자기 행복해지는 것도 아닌데. 사람은 누구나 사소한 생각의 전환, 발상의 전환만으로도 얼마든지 즐거워질 수 있다. 윌리엄 제임스는 "행복해서 웃는 것이 아니라 웃기 때문에 행복한 것이다"라고 말한다. 아주 익숙한 표현이지만 대부분의 사람들이 실천하지 않는다.

웃을수록 행복해진다는 것은 생리학에서 증명된 사실이다. 웃는 표정만 지어도 뇌는 행복 호르몬인 세로토닌을 분비해 만족을 느끼게 한다. 굳이 생리학을 운운하지 않아도 '웃으면 복이 온다'는 말은 부정할 수 없는 사실이다. 웃음은 우리의 뇌를 자극할 뿐만 아니라 몸 속 근육 약 600개 중 250개 정도를 수축과 이완시켜 신진대사를 촉진한다. 갱년기 어머님들이 강당에 모여 신나게 박수 치며 웃음 치료를 받는 이유이기도 하다.

사람의 뇌는 의외로 단순해서 의도적으로 연습하기만 해도 행복을 느낄 수 있다. 그러니 '월요일은 모두가 불행한 날이니까 나도 불행하다'는 생각은 접자. 동료들과 대화할 때 별로 웃기지 않아도 좀 더 크게 웃는 연습을 해라. 이는 상대를 배려하고 존중하는 것일 수도 있지만, 자신을 위로하는 방법이기도 하다.

삼성경제연구소SERI의 고수복 씨가 썼다는 '건강과 행복을 찾아주는 웃음 십계명' 중 몇 가지를 소개한다.

> 크게 웃어라. 크게 웃을수록 더 큰 자신감이 생겨나며, 크게 웃는 웃음은 최고의 운동법이다.
>
> 억지로라도 웃어라. 웃음은 질병도 무서워 도망가게 한다.
>
> 일어나자마자 웃어라. 아침에 웃는 웃음은 보약 중 최고의 보약이다.
>
> 힘들 때 웃어라. 힘들 때 웃는 웃음이 진정한 웃음이다.

우리가 이처럼 억지로라도 웃으며 견딜 수 있는 이유는 바로 엔도르핀 덕분이다. 사람이 웃을 때 엔도르핀이 나온다고 한다. 그래서 흔히 엔도르핀을 행복호르몬이라고 알고 있다. 하지만 엔도르핀은 스트레스 호르몬이다. 스트레스에 대항하기 위해 진통 효과를 가지는 물질이 나오는 것이다. 마치 모르핀과도 같은 특성 때문에 엔도르핀은 뇌 속의 마약이라고 불린다. 힘든 순간 많이 웃어야 이 뇌 속의 마약을 처방받을 수 있다.

월요일 따위의 우울함에 얽매이지 말고 미래의 행복에 무게를 두고 직장 생활을 해야 보다 건강하고 생산적인 사람이 될 수 있다. 몸과 마음이 튼튼해야 성공이 수월해진다.

미소는 전염된다

홍보팀에 근무하는 B대리는 하루하루가 모두 금요일 같다. 숨소리와 키보드 소리만 들리는 적막한 월요일 아침에도 만나는 사람들에게 활짝 핀 얼굴로 인사를 건네고 주말의 안부를 묻는다. 언젠가는 자리에 앉아 콧노래를 흥얼거리는 B대리에게 옆 팀 차장이 "좀 더 크게 불러봐. 잘 안 들려"라고 말해 삭막했던 사무실이 웃음바다가 된 적이 있다.

월요일 아침, 버스나 지하철의 분위기는 우울함을 넘어 참담하다. 메마른 무표정에서 뿜어져 나오는 침묵과 건조함. 가끔씩 터져나오는 헛기침. 너도나도 침울함을 뽐내느라 여념이 없다. 이처럼 월요일 출근길에는 대부분의 직장인들의 표정이 차디차게 굳어 있다.

그런데 가끔 곁을 지나는 동료의 밝은 표정을 마주하거나 경쾌한 인사를 건네받을 때 좋은 기운을 느껴 나도 모르게 미소를 짓기도 한다. 또한 사무실에서 밝고 명랑한 표정의 동료와 마주하고 유쾌한 목소리의 동료와 대화를 나누다 보면 금세 기분이 좋아지는 경험을 한다. 가끔은 스마트폰을 쳐다보며 미소 짓는 옆사람의 모습에 덩달아 웃음이 피어나는 일도 있다.

같이 있는 사람이 미소를 띠면 우리는 그들의 감정을 이해하기 위해 표정을 따라하게 된다. '미소 지어라, 세상이 너와 함께 미소 지을 것이다'라는 말이 일리가 있다는 것은 심리학자들에 의해서 밝혀진 바 있다.

다가가기 쉬운 동료들의 표정을 떠올려 보면 쉽게 이해된다. 그들이 짓고 있는 표정에 따라 우리는 다가가거나 혹은 뒷걸음질 치게 된다. 얼굴에 미소가 가득한 동료는 상대를 편하게 만든다. 마음의 빗장이 쉽게 풀려 부드러운 분위기가 조성되고 자연스러운 대화가 이어진다. 세계적인 자기계발 컨설턴트 이안 시모어Ian Seymour는 "미소는 입 모양을 구부리는 것에 불과하지만 수많은 것을 펴주는 힘이 있다"라고 말했다.

미국에는 한때 웃지 않으면 체포되는 법이 있었다고 한다. 1948년 아이다호 주의 도시 포카텔로에서는 축제 기간 중 웃지 않아 상대에게 불쾌감을 주는 사람을 체포해 가짜 감옥에 수감한 후 기부금을 내야 풀어줬다고 한다. 한 사람의 표정이 타인의 기분을 좌지우지할 수 있다는 것을 되새기게 하는 좋은 예다.

콩 심은 데 콩 나고 팥 심은 데 팥 나는 것은 당연하다. 마음속에 긍정을 심으면 미소가 자랄 것이고, 부정을 심으면 침울한 표정이 자라는 법이다. 월요일은 한 주를 차분하게 시작하는 날이지 침울하게 시작하는 날이 아니다. 월요일 아침 출근길, 참담한 표정과 어색한 침묵으로 올라가는 엘리베이터 층수만 뚫어져라 쳐다보지 말고 작은 미소와 함께 밝은 인사를 건네어보자. 상대도 미간의 주름을 활짝 펴고 미소로 화답할 것이고, 미소 바이러스는 금세 여기저기로 퍼져나갈 것이다.

닦여진 길은 나의 것이 아니다

수원수구誰怨誰咎라는 한자성어가 있다. 누구를 원망하고 누구를 탓하겠느냐는 뜻이다. 직장 생활도 마찬가지다. 직장 생활의 답답함 중 하나가 어떻게 하면 잘할 수 있는가 혹은 성공할 수 있는가에 대한 매뉴얼이 없다는 데 있다. 한 마디로 하루하루 어떻게 연명해나가야 할지 명확한 '길道'을 찾기 어렵다는 뜻이다. 상사가 있고, 선배가 있지만 정답을 제시해주는 사람은 없다. 이는 귀찮아서 혹은 주변을 견제하기 위해서가 아니다. 정말로 정도正道를 모르기 때문이다.

《장자》의 〈제물론〉에서는 "도는 걸어 다녔기 때문에 만들어진 것이고, 사물은 그렇게 불렀기 때문에 그렇게 구분된 것이다"라고 말한다. 어떠한 것도 정해진 바가 없고 자신이 스스로 자신만의 길을 개척해야 한다는 의미다. 이처럼 어떠한 상황에서건 이미 닦여진 길이 아닌 자신만의 길을 찾아야 한다.

월요일이 힘들고 지옥 같은 것은 아직 자신만의 길을 찾지 못했기 때문이다. 이는 회사의 책임도 사회의 책임도 아닌 바로 본인의 책임이다. 그러니 지옥을 천국으로 바꾸는 '길'을 찾는 것도 바로 자신의 몫이다. 남들이 닦아놓은 손쉬운 길을 찾아 헤매지 말고, 자기만의 길과 방법을 찾아 개척해나가야 한다. 고난 극복은 발전의 토대고 행복의 시작이며 성공의 또 다른 이름이다.

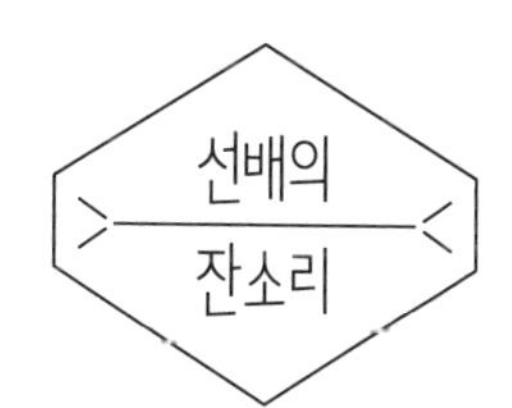

월요일 출근길이 미치도록 싫다면

•

뇌가 기억하는 습관을 들여라.
하루 20~30분씩 21일만 꾸준히 노력하면 뇌에 즐거움을 심을 수 있다.

•

행복 호르몬을 수시로 분출시켜라.
웃는 표정만 지어도 행복 호르몬인 세로토닌이 분비된다.

•

모두를 미소 짓게 만들어라.
한 사람의 밝은 표정이 월요일의 분위기를 180도 바꾸기도 한다.

chapter. 2

인간관계는
성공을 키우는
씨앗이다

어제의 동료가
내일의 상사로 변할지라도

웃고 있는 겉모습, 타오르는 속마음

치열한 스펙 쌓기와 취업 경쟁 속에 신입사원들의 평균 연령대가 높아지고 있다. 반면 기업은 조직의 혁신과 발전을 위해 적임자라고 판단되면 나이를 불문하고 고위직 관리자로 인재를 스카우트하기도 한다. 그러다보니 갑작스레 젊은 관리자가 유입되며 연하의 상사와 연상의 부하직원 사이에서 문제가 발생하는 일이 있다.

이보다 더 난처한 순간은 따로 있다. 옆자리 동료가 하루아침에 상사가 되어 돌아오는 경우다. 직장 생활 10년차 이상이 되면 오랫동안 함께 생활했던 동기 혹은 비슷하게 입사한 동료, 간혹 나이 어린 후배가 먼저 진급해 상사가 되는 일이 생긴다. 과연 어떻게 대처해야 할까?

고대 그리스의 연극배우들은 주어진 배역을 수행하기 위해 가면을 썼다. 무대 위에서 얼굴을 가리고 연기에 임하는 배우들처럼 우리도 때와 장소에 맞춰 가면을 쓰고는 한다. 자신에게 어떠한 역할이 주어지면 그에 맞는 가면을 쓰는 것이다. 이 가면을 '페르소나'라고 한다. 페르소나는 자신이 처한 상황에서 타인의 관점에 맞춰 나를 만들어가는 것이다. 그 모습은 나의 진실한 감정에 위배될 수도 있다.

회사라는 곳은 때로 자신에게 어울리지 않는 페르소나를 쓰고 맡은 역할을 소화해야 하는 무대가 된다. 당장 그 무대에서 내려올 것이 아니라면 아니꼽고 못마땅해도 꿋꿋이 최선을 다해야 한다. 가면은 나만 쓰고 있는 것이 아니다. 누구나 역할에 맞는 페르소나를 쓰고 있다. 이를 부정적으로만 볼 이유는 없다. 갈등을 인정하고 현실과 타협하기 위한 현명한 처신으로 받아들일 여지가 충분하다. 베스트셀러 작가 찰스 만즈Charles Manz는 이렇게 말한다.

"갈등 상황이 발생했을 때, 당신 자신뿐만 아니라 상대방의 만족을 위해서 노력하라. 그것이 장기적이고 보다 나은 결과를 얻는 비결이다.

심지어는 자신을 희생해서라도 다른 사람의 성공을 도와라. 그것이 결국 자신을 돕는 길이다."

순간의 감정에 지배 받지 않고 장기적 안목을 키우는 것이 현명한 대처임을 알려주는 말이다. 하지만 사람은 감정의 동물인지라 막상 이러한 상황이 닥쳤을 때 담담하게 받아들이기 쉽지 않다. 일단 한 번 감정의 폭풍을 맞거나 남몰래 홍역을 한껏 앓고 나서 마음을 추스르기도 한다. 이렇게 해서라도 마음이 정리된다면 다행이지만, 엇나간 마음이 제자리를 찾아 돌아오는데 시간이 꽤 걸릴 수도 있다.

그러나 어느 누구의 형식적인 위로와 섣부른 격려로도 해결될 수 없는 문제인 만큼 스스로 마음을 다잡는 것이 중요하다. 일단은 감정의 앙금이 가라앉기를 기다린 후 시간을 두고 자신에게 유리한 쪽으로 전략을 수립하는 것이 자신의 가치 제고를 위한, 그리고 장기전을 위한 현명한 방법이다.

치열하고 냉혹한 경쟁이 쉴 새 없이 일어나고 있는 직장 생활에서 우리는 한치 앞을 내다볼 수 없다. 일 보 후퇴, 이 보 전진의 자세로 위기에 대처하는 것이 미래를 위한 지혜로운 선택이 될 것이다.

내 몫은 아무도 챙겨주지 않는다

대기업 식품회사 연구직 Y과장은 진급자 발표 날 일찍 짐을 싸서 회사를 나왔다. 그리고 일주일간 계획에 없던 휴가를 냈다. 이유는 같은 팀 입사 동기가 차장으로 진급해 곧 파트장이 되는 것에 대한 불만이었다. 동기이지만 둘은 거의 말도 섞지 않을 정도로 사이가 좋지 않았다. 그런데 앞으로 모든 보고는 파트장이 된 그 동기를 거쳐야만 했다. 회사를 그만둘 생각까지 했던 Y과장은 일주일 뒤 아무렇지도 않은 듯 회사에 나와 근무를 이어갔다.

당혹스럽고 난처한 상황에서는 섣부르게 마음을 드러내는 것보다 자신의 감정을 먼저 심도 있게 파악하는 것이 중요하다. 내가 Y과장의 입장이 되었다면 이 느낌이 단지 불편함인지 아니면 인사 결정에 대한 불만인지를 스스로 파악하고 결론지어야 한다.

단순히 새로운 상사가 껄끄러운 정도라면 시간이 지나면서 자연스럽게 적응될 것이다. 그리고 1~2년 후 승진이나 인사이동을 통해 다른 자리를 맡을 기회를 노리면 된다. 어쩌면 그리 어려운 일도 아니다.

그러나 인사 결정에 불만이 있는 경우라면 이야기는 달라진다.

상사의 능력을 인정하기 어려울 것이고, 업무에 있어서도 적극적으로 협력할 가능성이 낮다. 시간이 지나도 원활한 관계를 맺기가 어려울 수도 있기 때문에 보다 전략적인 방법을 모색해야 한다. 뒤늦게 인사 결과를 뒤집을 수는 없겠지만, 본인의 진짜 감정을 깨달아야 매일 마주치며 일해야 하는 상사와의 문제를 원만하게 풀어낼 수 있다.

Y과장은 자신이 내년에 차장으로 진급할 수 있음을 확신했지만, 왜 자신이 동기에게 밀렸는지 납득할 수 없었다. 휴가를 마치고 돌아와 팀장과 이야기를 나눈 후 인사팀에 면담을 요청했다. 평소 이미지가 괜찮았던 Y과장의 의견은 어느 정도 받아들여졌고 다른 팀에 빈자리가 나면 발령을 내주기로 했다. 비록 인사 직후 '대놓고 설친다'는 소문이 퍼져 주변에서 들리는 쓴 소리는 감수해야 했지만 말이다.

회사의 방침, 특히 진급과 인사이동에 불만을 가지고 직장 생활을 하면 능률도 오르지 않을뿐더러 상사 및 동료들과의 관계도 소원해진다. 그렇다면 차라리 Y과장처럼 보직 변경을 요청하는 것이 서로를 위한 방법일 수 있다.

예전에 한 팀장에게 '인사에 있어서는 어느 정도 이기적으로 생각하라'라는 조언을 받은 적 있다. 회사는 절대 가만히 있는 사람을 알아서 챙겨주지 않는다. 뜻이 있는 곳에 길이 있는 법이다. 평소 관심 있던 다른 팀에 자리가 난다면 자연스럽게 인사 면담을 신청할 수 있도록 나름대로 준비하는 것이 좋다. 다만 회사에 대한 모든 사람의 불평불만이 최고조에 이른 인사 시즌이나 조직 개편 직후는 피해야 한다.

직장 생활을 하다 보면 이처럼 좌절할 수밖에 없는 최악의 사건이 여기저기서 발생한다. 쉽게 무너져버리면 그 상태에 머물러 더 이상 발전할 수 없을 것이고, 전화위복으로 삼아 극복한다면 인생의 새로운 전환점을 맞이하게 될 것이다.

빠르게 인정하고 유연하게 대처하라

광고대행사에 다니는 경력직 W과장은 기획팀 X과장과 동년배로 술자리에서 자주 어울리며 친해졌다. 3년 뒤 X과장이 진급하면서 팀장이 됐고, 조직 개편을 통해 W과장이 X팀장의 부서에 배치됐다. 주변에서는 남다른 친분이 업무에 도움될 것으로 생각했다. 그런데 W과장은 어느 순간부터 X팀장에 대해 '능력보다는 욕심이 과하다' '성질이 급하다' '자기 밖에 모른다'는 등의 이야기를 퍼트

리기 시작했다. 소문을 들은 X팀장은 W과장을 무시하며 맞대응했다. 불편한 관계를 견디다 못한 W과장은 결국 퇴사했다.

오는 순서는 있어도 가는 순서는 없다는 말처럼, 회사를 들어오는 순서는 있어도 진급과 퇴사의 순서는 없다. 요즘 회사들이 나이와 연차보다는 능력을 위주로 진급시키는 경우가 많기 때문이다. 선배들의 이야기를 들어보면 IMF 이전에는 진급자 발표 날이 항상 축제 분위기였다고 한다. 어느 순간부터 희비가 교차하는 서먹한 날이 되었을 뿐이다.

어제의 동료에게 오늘은 보고하고 결재를 받아야 되는 상황이 생긴다. 하지만 직장 생활에서는 어쩔 수 없이 받아들여야 하는 숙명이다. 그럴수록 마음을 가다듬고 평정심을 유지하기 위해 애써야 한다. 특히 불만이 있어도 주위 사람들에게 섣불리 털어놓는 경솔한 행동을 해서는 안 된다. 신중하지 못한 발언은 돌고 돌아 상사의 귀에까지 들어가고, 자신의 가치는 그만큼 하락할 것이다.

장자는 "지도자가 될 수 있는 사람은 역경에서도 불만을 품지 않고, 영달을 해도 기뻐하지 않고, 실패해도 좌절하지 않고, 성공해도 자만하지 않는다"라고 말했다. 아무리 어렵고 난처한 상황에 처하더라도 스스로 극복해야 할 과제임을 깨닫고 받아들이라는 것이다. 추운 겨울을 보낸 나무가 아름다운 꽃을 피우듯, 고난과 역경을 통해 크게 성장할 수 있다.

중요한 것은 존중하는 마음을 갖도록 스스로 노력하는 태도다. 어찌 됐건 회사에서 능력을 인정받아 그 자리까지 오른 사람임을 잊어서는 곤란하다. 자신보다 능력 있음을 받아들이려는 마음을 유지한다면 신뢰가 쌓이고, 더욱 좋은 관계로 발전해 나갈 수 있다.

"승자의 강점은 타고난 출생, 높은 지능, 뛰어난 실력에 있지 않다. 승자의 강점은 소질이나 재능이 아닌 오직 태도에 있다. 태도를 보면 그 사람의 성공을 가늠할 수 있는데, 이런 태도는 아무리 많은 돈을 주어도 살 수 있는 것이 아니다."

심리학자 데니스 웨이틀리Denis Waitley의 말이다. 어떠한 태도를 취하느냐에 따라 나에 대한 평가와 평판이 확연히 달라질 것이다. 감정을 잘 조절하면서 상황에 맞게 일관성 있는 태도를 보이면 결국 승자가 될 수 있다.

승진 당사자도 승진의 기쁨보다는 동료보다 먼저 직책을 맡은 것에 껄끄럽고 불편할 수 있다. 사소한 말 한마디에도 신경이 쓰이고, 서로가 예민해져 조심스러운 상황에서 진중한 언사와 행동 그리고 존중하는 마음은 함께 살아남기 위해 꼭 필요한 요소임을 명심해야 한다.

같은 상황도 해석하기에 따라 다르다

졸업 전 광고대행사에 입사한 Z대리와 A과장은 대학 선후배이자 입사 동기다. A과장이 나이는 한 살 적었지만, Z대리가 건강상의 이유로 반년을 휴직해 진급은 후배이자 동기인 A과장이 먼저 하게 되었다. Z대리가 병가를 마치고 돌아와 보니, 디자인1팀의 파트장을 A과장이 맡고 있었다. Z대리는 친분 있는 사람이 파트장이라 오히려 잘됐다며 A과장을 적극적으로 도왔다. 학창 시절부터 입사 초까지 Z대리의 도움을 많이 받았던 A과장도 적극적으로 Z대리를 응원하며 서로 윈윈하고 있다.

A과장과 Z과장처럼 평소 사이가 좋았고 가깝게 지내던 동료라면 낯선 팀장을 만나는 것보다는 업무를 진행하는 데 도움이 될 수 있다. 상사의 성격이나 성향을 미리 파악하고 있기 때문에 서로 알아가는 시간을 줄일 수 있는 장점이 있다.

또한 더욱 열심히 일하면서 믿음과 신뢰를 쌓고 성과도 만들어 낸다면 좋은 파트너가 될 것임은 물론 주변에서도 훌륭한 평가를 받게 될 것이다. 그렇게 되면 향후 진급이나 보직 변경 등의 기회를 얻는데도 보다 유리할 수 있다.

반대로 서로 껄끄러운 사이라 할지라도 편협한 마음 씀씀이로 주변 동료들 그리고 자신의 업무에까지 악영향을 미치게 만들어서는 안 된다. 이러한 때에는 오히려 스스로에게 좀 더 단호할 필요가 있다. 바로 사기종인捨己從人의 마음가짐을 새기는 것이다. 자신을 조금 낮추고 상대에게 배우려는 자세를 갖추라는 말이다. 이황의 《퇴계집》에는 다음과 같은 구절이 나온다.

"자기를 버리고 다른 사람을 따르지 못하는 것은 배우는 사람의 큰 병이다. 천하의 의리는 끝이 없는데 어떻게 자기 자신만 옳고 남을 옳지 않다고 할 수 있는가?"

자기 자신의 생각이나 의견만을 내세우지 않고, 타인의 말과 행동을 본받으라는 말이다. 먼저 승진한 동료를 유심히 관찰해보자. 어떤 점에서 나보다 뛰어난지, 어떤 점에서 팀장이나 임원진들에게 좋은 평가를 받았는지 주의 깊은 관찰을 통해 자신이 부족한 부분을 채워갈 수도 있다.

"세상에서 가장 현명한 사람은 모든 사람으로부터 배울 수 있는 사람이고, 남을 칭찬하는 사람이고, 감정을 조절할 수 있는 사람이다"라는 《탈무드》의 격언처럼 상대방에게 배울 점을 찾도록 노력하자.

독毒보다는 덕德을 품기 위해 애쓰다 보면 분명 납득 가는 상대의 능력과 강점이 보일 것이고, 스트레스를 받기보다는 스스로 하나라도 더 갖추려는 마음가짐이 생기게 된다. 세상사 모든 일은 마음먹기에 달려있다.

승리의 일등공신, 페이스메이커

학창 시절에는 누나, 형, 동생, 친척들로도 모자라 얼굴도 모르는 엄마 친구 아들에게까지 비교당하기 일쑤였다. 취직만 하면 상황이 바뀔 줄 알았는데, 어디를 가나 잘난 사람들은 넘쳐나고 지금도 항상 누군가와 견주어 평가되며 때로는 열등감에 빠져든다.

사회에 나오니 경쟁은 더욱 살벌하다. 업무 능력, 인성, 리더십, 태도, 성과, 평판, 충성도 등 그럴싸하게 기준을 쪼갠 후 그 결과값을 늘어놓고 비슷한 처지의 일개미들끼리 순위를 매긴다. 순위는 곧 진급과 연봉 격차로 이어지고 다시 동료와의 거리감으로 연결된다. 이는 다시 시기와 질투, 분노를 불러온다. 이 트랙에서 이탈하면 패배자가 되고, 이겨내면 다시 레이스에 동참할 기회를 얻는다. 이때부터는 동료들과의 경쟁과 더불어 나 자신과의 경쟁이 시작된다.

"경쟁에는 좋은 경쟁과 나쁜 경쟁이 있다. 좋은 경쟁의 주체는 '자신'이다. 오로지 자신에게 충실하며 최선의 목표를 향해 전력 질주하는 경쟁이다. 반면 나쁜 경쟁의 주체는 '남'이다. 사사건건 남을 의식하고 남과 비교하며, 이기는 데 목표를 둔 경쟁이다. 인생이라는 마라톤의 참된 의미는 순위 다툼이 아니라 자신과 싸워 자신의 역량을 최대한 발휘하는 데 있다."

강지원 변호사의 저서《강지원의 꿈 멘토링, 세상 어딘가엔 내가 미칠 일이 있다》에 나오는 말이다. 육상선수가 페이스메이커에게 자극을 받듯이 경쟁자는 나에게 나를 뛰어넘을 기회를 부여한다. 경쟁은 분명 자극과 발전의 계기가 된다. 페이스메이커를 만들어 자신과의 경쟁을 통해 성장하는 법을 배우자. 결국 승리의 트로피를 거머쥐게 될 것이다.

인사고과에서 '물먹었다'고 생각된다면

•

내 안의 진짜 감정을 찾아내라.
내 마음을 정확하게 진단하지 못하면 대처 방안을 결코 찾을 수 없다.

•

승자의 강점을 기억하라.
어떤 상황에서든 상대에게 배울 점을 찾아내야 훗날 승자가 될 수 있다.

•

독(毒)보다는 덕(德)을 품어라.
독을 품으면 스트레스만 쌓이고, 덕을 품으면 믿음과 신뢰가 쌓인다.

회사에 찍히고 가시밭길이 펼쳐졌다

성공이라는 못을 박는 끈질김의 망치

직장인들은 백이면 백 인정받고 싶은 욕구를 가지고 있다. 자신이 맡은 업무에 대해 전문가로 보이고 싶고, 맡은 일도 신속·정확하게 처리하고 싶다. 하지만 많은 직장인들이 의도치 않게 빚어지는 갈등 상황 속에서 어려움을 겪고 있다.

영문도 모르는 일로 윗사람에게 찍혀 주야장천 눈치만 보게 된 경우도 있고, 실수를 저질러 동료 간의 사이가 서먹해질 수도 있다. 혹은 꼬리에 꼬리를 무는 과도한 업무와 부담스러운 지시에 애사심이 뚝 떨어지기도 한다.

가장 억울한 것은 회사를 위해 잘해보려고 하던 일이 의도치 않게 고꾸라져 상사가 등을 돌리게 되는 경우다. 일단 상사의 눈 밖에 나면 직장 생활이 괴로워진다. 잘못에 대한 꾸지람은 당연히 감수하겠지만, 서류만 들이밀어도 생트집을 잡는 데는 정말 대책 없다. 상습적으로 타깃이 되어 깨지는 동료를 보고 있노라면 주변 사람들도 오금마저 저린다.

이런 경우에는 일단 원인을 찾아야 한다. 상사도 사람이라 이유 없이 사람을 잡지는 않을 것이다. 그런데 많은 직장인들이 상사 욕이나 하며 불평불만만 키울 뿐 그 원인을 찾으려고 하지 않고, 상사와 헤어지는 것만이 해결책이라고 굳게 믿는다. 빠른 시일 내에 이유를 파악하고 고쳐나가지 않으면 반복되는 시련에 상처만 깊어진다. 노력이 있어야 대가도 있는 법이다. 상사에게 인정받기 위해서는 남다른 전략이 필요하다.

우선 상사가 싫어하는 모습이 무엇인지를 알면 직장 생활이 한층 수월해진다. 근태 등 기본기를 중시하는 상사가 있는가 하면, 업무에서의 신속성과 정확성, 꼼꼼함에 집착하는 상사도 있다. 이런 사실을 눈치 채고 난 후에는 부족한 부분은 메우고, 장점을 돋보이게 하는 센스를 얻어야 한다.

베스트셀러 작가 마크 피셔Mark Fisher는 "장애물을 만나면 이렇게 생각하라. '내가 너무 일찍 포기하는 것이 아닌가?' 실패한 사람들이 현명하게 포기할 때, 성공한 사람들은 미련하게 참는다"라는 말로 인내하면 결실을 거둘 수 있다는 위로를 건넨다.

그렇지만 자신의 의지 또는 의도와는 상관없이 펼쳐지는 절망적인 상황에 시달리는 많은 직장인들이 퇴사의 기로에서 하염없이 망설이거나, 실제로 그만두기도 한다. 직장을 떠나는 것은 그저 순간의 괴로움과 스트레스에서 도피하는 것이지 근본적인 해결책을 얻는 것이 아니다. 남들이 포기하고 도망칠 때 자신이 경력과 인맥을 쌓아온 곳에서 해결책을 찾는 편이 훨씬 현명한 방법이다.

'성공이라는 못을 박으려면 끈질김이라는 망치가 필요하다'라는 말이 있다. 뭐든 익숙하게 잘하기 위해서는 부단한 연습과 노력을 논하지 않을 수 없다는 말이다.

직장 생활도 마찬가지다. 상사에게 잘 보이기 위해서가 아니다. 내 자신의 미래를 위해 끊임없이 스스로에게 질문을 던지고, 그 답을 찾는 연습을 해보자. 그래야 상사의 표적에서 멀어지고, 노력한 만큼 조금 더 인정받을 수 있다.

엄마 같은 상사는 없다

중견 제약회사 계약직 B대리는 특별한 문제만 없으면 회사 규정에 따라 1년 후 정직원으로 전환된다. 그러나 B대리는 팀장과의 마찰로 회사를 그만뒀다. 일은 누구보다 열심히 했지만 팀장과의 불화가 문제였다. 팀장을 가르치는 듯한 말투는 기본이고, 자신의 생각과 다르면 팀장의 말을 끊는 경우도 다반사였다. 그럴 때마다 팀원들도 좌불안석이었지만, B대리는 자기 잘못은 뒷전으로 미루고 팀장에 대한 불만으로 투덜거리기 바빴다.

상사에 대한 비난과 불평불만을 동료에게 토로하기 이전에 본인이 왜 상사와 사이가 좋지 않은지에 대한 근본적인 원인을 고민해야 한다. 물론 문제의 원인을 한 사람에게서만 찾을 수는 없다.

하지만 상사의 성향을 바꾸는 것은 부모님을 바꾸는 것만큼 힘든 일이다. 직장에서는 괜한 힘 빼지 말고 깔끔하게 백기 들고 상사에게 맞추는 것이 정답이다.

문제점을 잘 모르겠다면 나를 잘 아는 동료에게 물어보고 조언을 구하거나, 상사와 잘 지내는 직원들의 행동을 유심히 살펴보는 것도 방법이다. 이를 통해 자신의 문제점을 깨닫고 타인의 장점을 찾았다면 차근차근 고치고 배우려는 노력을 기울여야 한다.

상사가 싫어한다고 무조건 자신의 업무 방식이나 성격을 180도 바꾸라는 말이 아니다. 할 수 있는 만큼 노력하고 실행에 옮기는 모습을 보여 트러블을 최소화하라는 뜻이다. 무엇이 잘못된 일인지 엄마처럼 쫓아다니며 친절하게 잔소리 해주는 고마운 상사는 절대 없다. 한두 번 이야기하고 고쳐지지 않으면 아웃이다. 직장 생활에서 능력만큼 가치가 있는 것은 자신의 문제점을 스스로 파악해 개선해 나가려는 의지다.

B대리가 회사를 그만두게 된 이유는 성격상의 문제도 있었지만, 반복되는 잘못에 팀장도 더 이상 '실수'라는 이름표를 붙일 수 없었기 때문이었다. 실수를 통해 다시 틀리지 않는 방법을 익히지 못하면 상사는 분노한다. 자신의 부주의는 고치지 않고 팀장에 대한 불평불만만 쏟아내는 B대리는 어디를 가서도 상사와의 마찰을 피할 수 없을 것이다.

상사는 부하 직원에게 개과천선改過遷善이 아닌 적토성산積土成山, 흙을 모아 산을 이룬다을 바란다. 자신의 부족함을 인식하고 차근차근 고쳐나가기 위해 애쓰는 사소한 노력이 좋은 결실로 이어지게 된다.

"작은 일을 소중하게 생각하는 사람만이 성공할 수 있다. 성공한 사람은 작은 일이 쌓이고 쌓여서 큰 일이 되는 체험을 해온 사람들이다. 또한 인생에서 작은 일에 엄청난 노력을 기울여온 사람이기도 하다. 큰일을 끊임없이 해낼 수 있는 것은 누군가가 작은 일을 성실하게 해주고 있다는 사실을 알고 끝없이 고마워하기 때문이 아닐까?"

미국 제 42대 대통령이었던 빌 클린턴Bill Clinton이 남긴 말이다. 큰일을 성공시킬 수 있는 이유는 누군가의 작은 노력이 뒷받침되었기 때문이다.

팀원들이 해야 할 '작은 노력'이란 팀장을 존중하고, 팀장의 체면을 세워주며, 책임감을 가지고 업무를 수행하는 것이다. 이런 작은 노력들이 모여 최적의 성과를 만들고 팀을 빛나게 한다.

성격적인 면에서건 업무적인 면에서건 자신에게 부족한 부분을 인지하고 고쳐나가려는 시도에서부터 발전은 시작된다. 시간이 흐르면 상사도 변하고 있는 모습을 인지할 것이다. 노력하는 부하 직원을 밀어낼 상사는 없다. 알게 모르게 변해가는 모습을 기특해하며 어딘가에서 부지런히 칭찬하고 있을지 모른다.

화도 애정 있는 부하에게 낸다

회의 때마다 팀장 화를 돋우는 C대리. 한바탕 울고 나서 이 사람 저 사람을 붙잡고 팀장 '뒷담화'에 여념 없다. 하지만 팀원들은 오히려 팀장이 안쓰럽다. 팀장의 꼼꼼한 성격을 고려해 어떤 일을 보고하든지 철저하게 준비해야 하는 게 모든 팀원의 철칙이었다. 그런데 C대리는 늘 준비가 미흡했고 변명으로 일관했다. 매번 똑같은 일로 깨지던 C대리는 조직 개편 시 다른 팀으로 발령이 났고, 그의 마음속에는 팀장에 대한 미움과 원망만이 남았다.

상사를 힘들어하는 동료의 이야기를 들어보면 괜한 피해의식이 불러온 오해나 과민 반응처럼 지극히 주관적인 원인에서 비롯된 경우가 많았다. 정작 당사자만 그 원인을 잘 모른다. 시간이 한참 지난 후 회식자리에서 팀장은 "C대리, 그렇게 혼나도 변하질 않더라"는 말을 했다. 팀장의 애정 어린 격려를 질책과 미움으로만 받아들였기 때문에 바뀔 수 없었던 것이다.

세상이 내 위주로 돌아가야 한다는 유아기적 발상은 입사와 동시에 버려야 한다. 누구와 어떤 일을 하건 간에 상대의 입장에서 생각하고 조금은 손해 볼 수도 있다는 배려를 바탕으로 상대를 대하는 것이 원활한 직장 생활을 위한 현명한 태도다.

특히 팀장의 입장에서 생각해보는 것이 무엇보다 중요하다. '팀장은 어떤 마음가짐으로 일할까' '팀에서 성취하고 싶은 일과 개인적 목표는 무엇일까' '팀원들이 팀장을 어떻게 도와주면 좋을까' 등 스스로에게 다양한 질문을 던지며 답을 찾는 것이다. 팀장의 자리에서 느끼는 어려움과 부담, 압박은 무엇일지를 고민해보는 것도 좀 더 성숙해지기 위해 필요한 과정이다.

이런 과정들을 거치면 상사를 대하기 훨씬 수월해질뿐더러 왜 나에게 '버럭'했는지도 이해할 수 있게 된다. 역지사지易地思之는 직장인들에게 반드시 필요한 덕목이다. 항상 객관성이 결여된 상태에서 생각하다 보면 쓸데없는 불만들만 차곡차곡 쌓인다.

상사가 화를 내는 것도 애정이 남아있기 때문이다. 지금은 상사의 마음을 너그럽게 이해하기 힘들겠지만, 서서히 밑으로 부하 직원이 늘어나면 금세 그 의미를 알게 될 것이다. 예전에 함께 일했던 팀장은 "보고서 가지고 오기 전에 1~2분이라도 윗사람 입장에서 다시 한 번 읽어봐"라는 말을 습관적으로 했다. 상사의 입장이 되어 이해하려고 노력하는 마음, 상사에게 한걸음 더 다가가는 방법이자, 인정받는 비법이다.

주워 담을 수 없는 말실수

납품된 제품에 문제가 생겨 긴급 회의가 소집됐다. 담당자인 D과장이 팀장한테 무지막지하게 깨지는 순간이었다. 그런데 상황을 보고하던 D과장은 팀장의 계속되는 추궁에 순간의 화를 참지 못했고, “그래서 어떻게 할까요? 물어낼까요?”라는 해서는 안 될 말을 내뱉고 말았다. 회의실에는 정적이 흘렀다. 팀장은 다른 팀원에게 D과장의 모든 업무를 인수인계 받으라는 말을 남기고 나갔다. 팀 내 분위기는 한 순간에 초상집이 됐다.

머리를 거치기 전에 입에서 말을 내뱉는 사람들이 있다. ‘아차’ 싶어 후회를 해도 순간을 되돌릴 수 없고, 이미 허공에 떠다니는 말을 주워 담을 수도 없다. 신중하지 못해 만들어진 후회의 조각들은 직장 생활에 치명타를 준다.

가족 같은 회사, 즉 화기애애한 분위기의 회사가 있을 수는 있지만, 회사와 가정의 경계는 명확하게 구분해야 한다. 나를 가장 많이 이해해주는 가족들에게는 욱했다가도 머리 긁적이며 사과할 수 있다. 간혹 잘못을 뉘우치기 전에 일이 무마되기도 한다.

그러나 회사는 다르다. 아무리 너그럽고 쿨한 상사라도 실수를 저지른 부하에 대한 부정적 이미지를 쉽게 지울 수 없다. 여기서 끝이 아니다. 인성에 대한 평판이 조직 전체에 퍼지는 것도 시간문제다. 조직 생활에서 인간성을 어떻게 평가 받는가는 매우 중요하다.

"우리의 일상생활에서 가장 조심해야 할 것은 사소한 감정을 어떻게 처리하느냐 하는 문제다. 사소한 일은 계속 발생하며 그것이 도화선이 되어 큰 불행으로 발전하는 일이 적지 않기 때문이다."

프랑스 철학자 알랭의 말이다. 산불도 사소한 불씨에서 시작한다. 순간의 감정을 참지 못하면 티끌만한 불씨에도 화상을 입는다.

D과장은 막말을 배설한 후 바로 후회했다. 하지만 팀장과의 관계를 회복하지 못한 채 다른 팀으로 발령이 났다. 새로운 팀에서 열심히 일하고 싶었지만, 주변의 불편한 시선 때문에 쉽게 적응하지 못하고 결국 회사를 떠났다.

일단 상사에게 욱했다면 싹싹 빌거나 관두거나 선택을 해야 한다. 가장 현명한 것은 어떤 상황에 직면했더라도 막무가내로 나가기 전에 일단 돌부처가 되어 참는 것이다. 감정 관리는 최초 단계에서 성패가 좌우된다. 분에 못 이겨 잘잘못을 따지기 전에 평정심을 유지하려고 노력하는 것이 바람직한 자세이자 이기는 방법이다.

상사 앞에서 성질을 이기지 못해 욱하는 것은 조직 생활에서 치명적인 약점을 드러내는 꼴이다. 열 번 잘하다가 한 번의 실수로 공든 탑이 무너지면 너무 억울하다. 감정 조절 실패는 상사와의 관계를 넘어 직장 생활의 아킬레스건이 될 수 있음을 늘 명심해야 한다.

드러내지 않아도 보이는 것들

돈 때문에 일하는 사람도 있고, 가끔은 보람 때문에 일한다는 사람도 있다. 그리고 승진이나 사회적 지위 상승, 혹은 존경 받기 위해 열심히 일하기도 한다. 이처럼 개인마다 일에 대한 소명 의식은 다르지만 승진과 성공을 목적으로 둔 일명 야망 있는 사람들은 기본적으로 상사의 눈에 들기 위해 애쓴다. 목표를 위해 매진하는 게 나쁜 건 아니지만 행동이 과해지면 조직의 균형을 깨게 되고 주변에서 눈살을 찌푸릴 수밖에 없다.

철학자 루드비히 비트겐슈타인Ludwig Wittgenstein은 "말할 수 없는 것이 있다. 이것은 드러난다. 그것은 신비스러운 것이다"라는 말을 남겼다. 말할 수 없는 것에 대해서는 침묵하더라도 자연스럽게 드러난다는 의미다. 상대에게 원하는 사랑, 상사에게 바라는 인정, 동료간의 배려 등은 말로 표현하지 않아도 자연히 감지된다.

직장 생활에서는 굳이 과한 말과 행동으로 보일 필요가 없는 것들이 있다. 그중 가장 필요 없는 것이 '나 좀 인정해달라'는 외침이다. 잘 보이려는 노력보다는 상사가 싫어하는 것을 행하지 않는 것이 우선이다. "도대체 내가 몇 번을 말해!"라는 말은 상사에게 맞으면 안 되는 치명적인 독화살이다.

진땀 흘리며 열심히 노력하는 모습과 부족한 점을 개선하려고 애쓰는 모습은 말하지 않아도, 알리려 하지 않아도 자연스럽게 드러난다. 때로는 과한 말보다 수다스러운 침묵의 힘을 믿을 필요가 있다.

명심할 것은 기본을 사수하는 자세다. 출퇴근은 근면 성실의 척도다. 제일 늦게 출근하고 제일 먼저 사라지는 부하 직원을 미소 지으며 바라볼 상사는 없다. 그 다음이 예의다. 어떤 상황에 직면했다 하더라도 넘지 말아야 할 '선'은 지켜라. 도덕적으로나 윤리적으로 사회적 비난 받을 일 등의 큰 사고만 치지 않으면 상사 눈밖에 날일은 별로 없다. 성과도 중요하지만 초반에는 기본기부터 사수하는 것이 순서다.

의도치 않게 상사의 눈 밖에 났다면

•

적토성산(積土成山)을 실천하라.
상사는 결코 부하 직원에게 한 번의 개과천선(改過遷善)을 바라지 않는다.

•

팀장의 자리에 앉아 고민하라.
상사의 입장에서 수시로 고민하면 업무를 대하는 태도와 시각이 크게 달라진다.

•

순간적인 감정은 삼켜라.
상사의 앞에서 욱하는 감정을 보이는 것은 끝을 향해 달려가는 꼴이다.

막내가
팀장의 수저를 챙기면 악습인가

눈치가 빠르면 절에서도 젓갈을 얻어먹는다

어느 덧 직장 생활 12년 차. 새파란 신입으로 입사했던 게 엊그제 처럼 느껴진다. 평생 막내일 것만 같더니 어느새 셀 수 없을 만큼 많은 후배들이 내 뒤에 진을 치고 있다. 띠동갑 이상으로 차이 나는 후배들을 보며 하루하루 쏜살같은 세월의 흐름을 온몸으로 체감한다.

인정하기는 싫지만 나이가 많이 벌어지다 보니 때로는 세대 차이도 느껴진다. 자라고 생활했던 환경과 시대가 다르니 성향들도 제각각이다. 선배들도 사람인지라 인사 잘하고 매사 열심히 생활하는 후배들은 예뻐 보이고 반대인 경우에는 정이 잘 가지 않는다.

선배가 후배에게 바라는 것은 업무 능력보다 센스와 예절이다. 선배들의 눈에 들기가 생각보다 쉽다는 말이다. '눈치가 빠르면 절에서도 젓갈을 얻어먹는다'는 속담이 있다. 예로부터 언행을 잘하면 어디를 가도 군색한 일이 없다는 말이다.

절간보다 삭막한 직장에서는 더욱 그렇다. 눈치 있고, 센스 있고 게다가 예의까지 갖춘 후배에게는 눈이 한번 더 가고, 친밀하지 않은 사이라 하더라도 좋은 인상을 받기 마련이다.

간혹 복도에서 단 둘이 마주쳐도 '난 당신이 누군지 몰라'라는 표정으로 말똥말똥 쳐다보고만 있는 후배들이 있다. 후배가 선배들의 얼굴을 일일이 다 알기는 어렵다. 하지만 같은 층에서 같은 회사의 사원증을 목에 걸고 있으면 누가 됐든 간에 인사하는 게 맞다. 작은 행동 하나하나가 바로 눈치고 센스다. 인사는 주고받아야 가치가 있는 것이며, 눈을 마주쳐야 빛이 나는 것이다. 인사는 모든 관계의 시작이다.

한 방송에서 이런 내용이 나왔다. 집에서는 부모님 수저도 챙기지 않는 신입 사원이 회식 때 팀장 숟가락, 젓가락을 챙기는 것에 대해 신세 한탄하는 장면이었다. 순간 미간이 구겨졌다. 기본적인 예의범절을 강압적인 조직 문화로 착각하는 우를 범해서는 안 된다.

아무리 직장이 수평적 문화로 변해간다 해도 조직은 아직 권위적이며, 어른에 대한 예의범절을 중요시 하는 대한민국은 여전히 동방예의지국이다. 시대가 변하고 세상이 변했다 해도 반드시 지켜야 할 도리와 예절은 있는 법이다.

스페인 작가 발타자르 그라시안Balthasar Gracian은 "예의 바른 몸가짐은 그 하나만으로도 사랑받는다. 겸손하게 허리를 숙이는 것은 자신을 존귀하게 만드는 행동이다"라고 했다. 예의는 인간관계에서 가장 기본적인 덕목이다. 이런 덕목을 적재적소에 녹여낼 줄 아는 것이 바로 선배와의 관계를 끈끈하게 이어줄 눈치코치와 센스다.

잔소리할 틈이 없는 기특한 후배

첫 출근 날 선배가 일을 한 가지 맡겼다. 서류 하나와 상장, 현수막 등을 만드는 일이었다. 하루 종일 그 일에 매달렸다. 저녁이 되자 선배가 하던 업무를 넘기고 퇴근하라고 했다. 결과물은 내가 봐도 허접했다. 밀려오는 찝찝함은 '이불 킥'을 하며 잠을 설칠 수준이었다.

결국 그 일은 선배가 다시 처리했다. 그래도 종일 이것저것 물으며 업무 완수를 위해 진땀 흘리는 모습이 기특했다는 소리를 나중에 들었다.

요즘 신입의 스펙은 상상을 초월한다. 그런데 아무리 고스펙이라고 해도 회사에 입사해 투입되고나면 실질적인 업무에 있어서는 초보일 수밖에 없다. 입사할 때 회사에 대한 공부는 많이 하겠지만 처음 실무를 접할 때는 누구나 서투른 게 사실이다.

그렇지만 신입 사원들의 부족한 업무 능력과 성과를 두고 어느 누구도 쉽게 비난하지 않는다. 다 배워가는 과정이고 시간이 지나면 일정 수준에 도달할 것이라는 사실을 알고 있기 때문이다.

그런데 모든 것이 서툰 신입 중에서도 단연 돋보이는 후배는 따로 있다. 다른 동료들보다 딱 한 가지를 더 갖추어서다. 바로 진심으로 애쓰는 모습이다. 처음에는 후배의 업무 능력이 어떻든 간에 노력하는 모습부터 눈에 들어온다.

특히 모르는 것을 망설이지 않고 바로바로 물어보며 시간 낭비를 줄이는 것이 기본적인 업무 학습법이다. 애매한 것은 일단 물어야 한다, 혼자 판단하고 결정해 낭패를 보지 않도록 유의해야 하는 것이다. 일이 엉뚱한 방향으로 흘러가지 않게 스스로 닻을 조정하는 것도 남다른 능력이다.

귀찮게 이것저것을 물어보더라도 절대 같은 질문은 하지 않는 센스도 필요하다. 꼼꼼하게 메모하고 신속하게 숙지하려는 노력이 수반되어야 한다. 그리고 한 번 했던 실수는 절대 반복하지 않는 것이 좋다. 상사나 선배는 똑같은 잔소리를 두 번 이상 하는 것을 탐탁지 않게 생각한다.

홍보팀 O사원은 후배가 들어와 막내 탈출을 하게 되어 내심 좋았지만 기쁨도 잠시, 신입인 P사원과 비교당하기 시작했다. P사원은 늘 궁금증 가득한 눈으로 선배의 말을 경청한다. 중요한 내용을 놓칠세라 수첩에 꼼꼼하게 적고, 궁금한 건 즉시 물어본다. 업무 관련 서적을 책상에 두고 틈틈이 참고하는 모습도 대견하다. 잔소리할 틈을 주지 않는 P사원은 팀의 자랑이지만, P사원과 반대 성격인 O사원은 은근히 비교당하며 스트레스를 받고 있다.

신입사원들은 자신의 존재감과 이름 석 자를 상사나 선배들이 기억해줄 때 기쁘다. 그래서 초반부터 튀고 싶어 과욕을 부리기도 한다. 그러나 근거 없는 자신감이 선배의 심기를 거슬리게 하고, 입장을 난처하게 만들기도 한다. 신입 시절부터 업무 능력을 보여주려고 지나치게 애쓰는 모습은 과유불급過猶不及이다.

초년생 시절에는 섣부른 욕심이나 의욕보다는 성실과 노력이 우선이다. 누구든 각자의 위치에서 맡은 역할에 충실할 때 가장 돋보이는 법이다. 가장 기본이 되는 것은 능동적인 태도다.

자신이 해야 할 일을 찾아서 하는 자세야말로 선배들에게 사랑받는 지름길이다. 잘하고자 하는 마음가짐보다 최선을 다하려는 마음이 중요하다. 잘해야 된다는 마음에서는 욕심이 생겨나지만, 최선을 다하고자 하는 마음에서는 의지와 열정이 솟는다.

회사 업무란 마르지 않는 샘물이다. 어느 회사도 직원들을 편히 쉬게 두지 않는다. 자신이 맡은 일이 끝났다면, 어영부영 인터넷이나 하면서 시간 때우지 말고 상사나 선배를 찾아가라. 그리고 다른 할 일이 없는지 습관적으로 물어라. 기특한 그 말 한마디에 대부분 흐뭇해할 것이다.

선인장에 깃든 후배의 진심

아홉 살 어린 부사수를 받고 얼마 지나지 않아 일주일 간 입원을 한 적이 있다. 갑작스런 병가에 어린 후배가 부재중인 내 업무를 떠안게 됐다. 미안하기도 하고, 마음이 편치 않았다. 며칠 뒤 팀장과 후배가 병문안을 왔다. 안부를 묻자마자 후배가 멋쩍은 표정으로 가방에서 수첩을 꺼내더니 미리 적어온 업무 내용을 취조하듯 묻기 시작했다. 몸은 아팠지만 웃음이 나왔다. 귀찮다기보다는 책임감 있는 솔직한 모습이 든든했다.

일주일 뒤 퇴원해 자리에 돌아왔는데 책상 위에 선인장 하나가 놓여있었다. "선배님, 이제 아프지 마시고 선인장처럼 튼튼해지세요!"라는 카드도 보였다. 닭살이 돋기도 했지만, 파티션 뒤에서 쑥스러워하는 후배의 모습에 진심이 느껴졌다. 사람의 마음은 사소한 행동을 타고 전달되는 법이다.

진심은 겉으로 내보이는 게 아니라 상대가 느끼게 만드는 것이다. 나도 모르게 상대에게 기분 좋은 기운을 느끼는 것도 바로 이런 경우다. 그다지 잘나거나 특별하지 않은 것 같은데 상대에게 호감을 갖게 하는 사람이 있다. 마음에서 우러나오는 진심이 자연스레 겉으로 표출되기 때문이다. '진심을 다한다는 것'을 말로만 표현하기에 2퍼센트 부족한 이유다.

사회적으로 큰 파장을 일으킨 사건, 사고들이 발생하면 누군가 책임을 지겠다며 기자 회견을 통해 대국민 사과를 펼치고는 한다.

그러나 대중들은 대본대로 움직이는 가식적인 행동에 더 이상 마음을 열지 않는다. 진심이 결여됐다는 것을 알기 때문이다.

예의 바른 후배가 있었다. 누구에게나 지나치리만큼 깍듯했다. 그런데 어느 날 우연히 계단에서 어느 선배와 이야기 나누는 것을 들었다. 사원이던 후배는 대리인 여자 선배에게 "저 지금 많이 참고 있으니까 적당히 하세요!"라는 공격적인 말을 날리고 있었다. 후배의 가식적 모습이 드러나는 데는 그리 오래 걸리지 않았다. 가식은 오래가지 않는 단점이 있다. 진심 없이 상대의 마음을 얻기는 쉽지 않다.

미국의 처세술 전문가 데일 카네기Dale Carnegie는 행복지수와 진심어린 말의 상관관계를 다음과 같이 표현했다.

"우리는 아주 쉽게 이 세상의 행복지수를 증가시킬 수 있다. 외롭거나 용기를 잃은 누군가에게 진심으로 존중하는 몇 마디의 말을 건네는 것, 그것으로 충분하다. 오늘 누군가에게 무심코 건넨 친절한 말을, 당신은 내일이면 잊어버릴지도 모른다. 하지만 그 말을 들은 사람은 일생 동안 그것을 소중하게 기억할 것이다."

진심은 반드시 통한다. 진실된 말은 내뱉는 사람보다 받아들이는 사람에게 더욱 큰 영향력을 행세한다.

회사 일에 문제가 생겨 무더위에 며칠 동안 밤낮없이 외근을 다닌 적이 있다. 몸과 마음이 지쳐있을 때, 같은 팀 후배에게 카톡이 왔다. "선배님, 더운데 고생 많으세요. 도움이 못 되어서 죄송합니다"라며 함께 날아 온 아이스커피 기프티콘. "더운데 힘내세요!"라는 멘트에 흐뭇했다. 여름휴가를 다녀온 어느 후배는 자기 없는 동안 고생하셨다며 사물함에 몰래 선물을 넣어놓기도 했다. '당신은 사랑받기 위해 태어난 사람'이라는 생각이 저절로 드는 후배들이다. 물질적인 선물을 받거나 기분 좋은 말을 들어서가 아니다. 사소한 행동이지만 진심 어린 마음이 느껴졌기 때문이다.

이처럼 상대를 배려하는 솔직한 태도는 업무 능력으로도 발휘될 것이다. 앞으로의 직장 생활에서 무수히 많은 사람들과 부딪히며 수많은 전투를 치러나가야 한다. 타인을 배려하는 태도와 가식을 덜어낸 마음가짐은 직장에서 좋은 평판으로 이어지고, 이는 곧 장점이자 강점이 되어줄 것임에 틀림없다.

기본 예의는 알아서 지켜야 한다

재무실 Q사원은 인사를 절대로 하지 않는다. 임원이나 팀장에게는 고개를 숙이지만, 웬만한 선배들은 마주쳐도 눈 하나 깜빡하지 않기로 유명하다. 언젠가 동료가 그를 불러 선배들하고 인사는 하면서 지내자는 말을 전했다. 그런데도 Q사원은 변하지 않았다. 나중에 그가 잘나가는 기업 대표의 아들이라 목이 뻣뻣하다는 소문을 들었다. 아버지는 사장일지 몰라도 자신의 본분은 사원이라는 사실을 모르고 지내는 모습이 안타까웠다.

누군가의 사소한 행동 하나가 상대를 불쾌하게 만들기도 한다. 예의범절이 분명하지 않기 때문이다. 직장에서는 가장 기본이어야 할 매너의 부재로 모든 일이 부정적으로 평가될 수 있다. 가족들보다 더 오랜 시간을 보내는 동료들과의 예의는 관계의 시작이다.

입사 5년차 즈음, 술자리에서 팀장이 해준 말이 인상 깊었다. 다른 팀 선배나 상사들이 '재가 일 잘하네, 못하네, 능력 있네, 없네' 이런 걸로 너희를 판단할 거 같지? 선배 입장에서 너희 수준은 다 똑같아. 그런데 인사하는 모습 하나만 봐도 열을 알 수 있을 때가 있지. 요즘 얼굴 모르는 애들은 많이 보이는데, 인사는 잘 안 하더라. 후배들 잘 좀 챙겨"라는 것이었다. 자신의 위치에서 무엇이 중요한지 스스로 판단하고 행동해야 한다는 말이다.

직장에서는 기본적인 예의를 중요시한다. 다시 한 번 말하지만 우리나라가 동방예의지국임을 결코 잊어서는 안 된다. 인간관계의 형성은 작은 호감과 관심에서부터 시작되는 것이다.

한편 회사에서 오다가다 만날 때나 눈이 마주쳤을 때 외면을 넘어 선배들 눈살을 찌푸리게 하는 후배들도 있다. 못마땅한 감정을 얼굴에 새긴 채 돌아다니고, 눈을 마주쳐도 인상을 풀지도, 인사를 하지도 않는다. 또는 사람을 가려서 인사하기도 한다.

기본 예절은 아주 어릴 때부터 배우는 것이고, 직장에서뿐만 아니라 인생에서 사람 됨됨이를 파악하는 기초가 된다. 다 큰 어른에게 대놓고 말하기 껄끄러운 부분이고, 말을 한다 해도 오랜 습관 때문에 잘 고쳐지지 않기도 한다. 스스로 부족함을 알고 있다면 고치기 위해 의식적으로 노력해야 바뀔 수 있다.

인사에도 방법이 있다. 출근해서 처음 마주칠 때는 '안녕하십니까'라는 말을 건네고, 이후부터는 목례만 하면 된다. 중요한 포인트는 눈을 마주치는 것이다. 건성으로 건네는 인사는 상대의 기분을 오히려 상하게 만들 수 있다.

점심시간이나 회식자리에서도 각자의 배역이 있다. 상석을 구분하고, 수저나 컵을 챙기고, 고기가 타지 않게 뒤집고, 주변 사람의 술잔이 빌 때 따라주는 정도면 된다. 이는 일명 '꼰대'스러운 발언이 아니다. '예전에는…' '나 젊었을 때는…'이라며 행해지는 악습들은 사라져 마땅하지만, 이는 나이 많은 사람을 대하는 예절일 뿐이다.

이밖에도 팀의 일원으로 빨리 흡수되려는 자세도 필요하다. 팀에 어려움이 닥쳤을 때 함께 고민하고 헤쳐 나가려는 마음가짐과 개인의 업무와 더불어 공동의 목표를 수행하려는 자세도 후배들이 갖추어야 할 기본 자질이다.

선배를 '물주'로 활용하는 법

직장 생활이 아직은 익숙하지 않은 후배의 입장에서는 많은 것들이 어렵고 불편하다. 하지만 받아들이기에 따라 지금이 기회의 순간이 될 수도 있다. 선배들의 도움이 당연히 필요한 시기이기 때문이다. 이 기회만 잘 활용하면 선배를 '물주'로 이용할 수 있다.

업무 방향이 아리송할 때, 일하다 막혔을 때, 자료를 얻기 어려울 때, 선배를 배움의 물주로 활용하라는 것이다. 물론 아무나 선배를 활용할 수 있는 것은 아니다. 선배를 물주로 만드는 시작은 '다가섬'이다.

적극적으로 배우려는 후배에게는 더욱 적극적으로 알려주고 싶다. 아무것도 묻지 않고 버티는 후배에게는 아무도 손을 내밀고 싶지 않다. 태도의 문제다. 이 작은 태도의 차이가 단단한 직장인을 만든다. 후배들에게는 선배들의 지갑도 마음도 항상 열려있다. 선배를 어떠한 방면에서 활용하느냐는 본인의 능력에 달려 있다.

다가섬과 더불어 필요한 것은 새로운 세상을 받아들일 줄 아는 융통성이다. 직장이라는 세상에서 융통성은 성과 창출의 원동력이다. 융통성이 부족하면 업무가 비효율적으로 진행될 가능성이 크다. 다가섬이 관계의 시작이라면, 융통성은 동료들 간 발생하는 문제 해결을 위한 보이지 않는 감각이다. '진짜 융통성 없네'라는 말은 가급적이면 듣지 않도록 유의하라.

미국의 경제학자 헨리 조지Henry George는 "우리는 언제나 세상을 바라보는 안목을 바꿀 준비가 되어 있어야 하며, 편견을 버릴 준비가 되어 있어야 하고 마음을 열고 살아갈 준비가 되어 있어야만 한다. 바람의 변화를 전혀 고려하지 않고 똑같이 항해하는 선장은 결코 항구에 들어가지 못하는 법이다"라고 했다.

직장인에게 회사는 새로운 세상이다. 스스로 바뀔 준비가 되어 있어야 그 세상에 적응할 수 있다. 직장이라는 로마에서는 로마법을 따르는 것이 올바른 선택임을 기억하라.

눈에 띄는 후배가 되고 싶다면

•

질문만 잘해도 성공이다.
모르는 것은 시간 끌지 말고 묻되, 절대로 두 번 물으면 안 된다.

•

사소함으로 진심을 전하라.
작은 표현, 짧은 인사 한 마디가 선배의 마음과 지갑을 활짝 열게 만든다.

•

기본 예의에 충실하라.
특히 인사는 상호 호감과 관심의 시작이다.

듣는 사람 따로 있고, 말하는 사람 따로 있다

소통을 가장한 불통

소통, 즉 쌍방향 커뮤니케이션의 중요성이 부각되고 있다. 기업들은 소통 경영을 내세우며 이를 위해 자리 배치를 바꾸고, 호칭을 파괴하고, 대화 프로그램을 마련하는 등 가지각색의 시도를 벌이는 중이다. 그렇지만 이러한 노력에도 여전히 직장인들은 소통의 부재를 느끼고 일방적인 대화에 지쳐만 간다.

직장인을 대상으로 '직장 내 커뮤니케이션'에 대한 설문 조사가 실시된 적 있다. 직장인의 92퍼센트가 '직장 내 커뮤니케이션에 어려움을 겪은 적이 있다'고 답했으며, 60퍼센트가 '상사와 의견이 다를 때'를 가장 어려운 순간으로 꼽았다. 또한 '직장에서 본인의 의견을 잘 말하는 편인지'를 묻자 66퍼센트가 '그렇지 않다'고 답했다. 그 이유는 '어차피 들어주지 않을 것이라고 생각해'라는 답변이 가장 많았다. 하나의 설문 결과가 모든 기업의 상황을 대변할 수는 없지만, 평범한 직장인들의 일반적인 상황을 담고 있는 만큼 시사하는 바는 분명 크다.

직장 생활을 10여 년 넘게 하면서 깨달은 것 중 하나는 대화가 안 되는 사람, 즉 혼자 말하기에 익숙해진 사람을 대하기란 정말 힘들다는 사실이다. 거기에 고집과 아집까지 더해 무조건 자기만 옳다고 우기면 상대는 입과 함께 마음을 닫을 수밖에 없다.

때와 장소를 가리지 못하고 말 많은 게 능력인줄 아는 사람 역시 주변에서 흔히 볼 수 있다. 대부분 요란한 빈 수레인 경우가 많고, 어디 가서도 환영 받지 못하는 부류다. 직장에서 선배나 상사가 듣는 것보다 말하는 것에 더 열을 올린다면 아랫사람의 직장 생활은 힘겨워진다. 게다가 후배들까지 귀 닫고 말하기에 동참하면 그야말로 최악의 상황이 펼쳐진다.

일본 기업인 우이치로 나와는 "나는 겸손의 중요성을 강조하고 싶다. 내가 의미하는 겸손은 비굴해지는 것이 아니라 다른 사람들의 의견에 귀를 기울이고 존중하는 것이다. 나는 지금까지 다른 이의 말을 경청하지 않는 매우 독선적인 사람들을 많이 만났다. 그런 사람들은 무슨 일을 하든지 실패할 수밖에 없다"는 말로 타인의 말을 제대로 듣는 것이 바로 겸손이며 성공의 열쇠라는 것을 강조했다.

하지만 회사에는 겸손한 사람보다 자신의 잘난 점을 하나라도 더 알리기 위해 열 올리는 사람들이 분명 더 많다. 상대를 참 거북하고 불편하게 만드는 능력자들이다. 스스로 깨닫고 고쳐나가면 좋겠지만, 대부분 윗사람인 경우가 많아 누구 하나가 총대 매고 말해줄 수도 없을뿐더러 그것이 취미이자 특기이기 때문에 고치기는 더욱 힘들다.

그렇다고 손을 놓고 있으면 안 된다. 우공이산愚公移山이라고 했다. 변화는 작은 실행에서부터 시작되는 것이다. 내 자신이라도 미래에 불통의 선봉장이 되지 않도록 주의하고 노력해야 한다. '나 하나쯤이야'가 아니라 '나 하나만이라도'라는 생각으로 입보다 귀를 먼저 열고 동료를 대하면 머지않은 미래에 소통의 선봉장으로 거듭날 수 있을 것이다.

귀가 둘, 입이 하나인 이유

보고를 다녀와 갑자기 울기 시작한 후배. 보고서를 가지고 가면 팀장은 설명도 듣지 않고, 빨간 펜을 휘두르는 막말 선생님이 된다. 얼마 뒤 후배는 팀장과의 악연을 끝내고 다른 팀으로 발령이 났다. 새로운 발령이 나면 대부분의 직원들은 전 팀장과 잘 지내게 되는 편인데, 이 후배는 그렇지 않은 듯 했다. 후배는 한 동네 사는 팀장을 만날까봐 시간이 더 걸리는 다른 버스를 이용한다. 예전의 묵은 감정 때문만은 아니다. 일방적으로 쏟아지는 팀장의 일상적 대화마저도 고통스럽기는 마찬가지였기 때문이다.

회의 시간이나 회식 자리에서 혼자만 떠드는 상사, 혹은 선배나 동료들 때문에 그 시간이 거북하다 못해 끔찍하기만 했던 경험이 있을 것이다. 회의나 회식자리는 일과 시간에 나눌 수 없는 대화를 위한 기회의 자리라고 할 수 있다. 상호 소통하며 상대의 이야기를 경청하고 공감대를 형성해 나가는 시간이다. 그런데 혼자 주도권을 잡고 떠드는 한 사람 때문에 소중한 시간이 퇴색되는 경우가 부지기수다.

말을 잘 한다는 것은 잘 듣는 것이다. 인간에게 귀가 둘, 입이 하나인 것은 듣는 것이 더 중요하기 때문이라고 한다. 대화에 있어 경청은 말하는 것 이상으로 중요하다. 업무에 있어서도 듣는 법은 중요하다. 그렇지만 '귀가 있으니 들어는 주겠다. 그러나 난 내 할 말만 할 것이다'라는 상사가 의외로 많다. 그래서 중요한 이야기를 무심하게 흘려버려 팀원들이 뒤통수를 맞는 일도 생기고 팀이나 회사에 불이익을 가져오는 경우도 허다하다.

'듣는 법'도 배우고 발전시켜나가야 경지에 다다를 수 있는 법인데, 듣는 법을 아는 상사도 배우려는 상사도 현실적으로 거의 없다. 간혹 트렌드를 의식해 부하 직원과 소통의 자리를 마련하기도 하지만 그저 술 한 잔 따라주며 훈계하는 자리가 될 뿐이다. 진정한 소통이 갑자기 이뤄질리 없다는 말이다.

그렇다고 앞의 설문 조사에서처럼 '어차피 상사가 들어주지 않을 텐데'라는 생각에 입을 닫아버리면 속이 곪는 쪽은 바로 자신일 뿐이다. 쓸데없이 동료들과 상사 뒷담화만 공유하지 말고, 스스로 '상사 사용 설명서'를 마련해 불통을 최소화해보자.

첫째, 상대방 입장에서 준비하자. 상사의 성향을 파악해 보고 시 나올 수 있는 질문들을 최대한 꼼꼼하게 챙기는 것이다. 상사가 원하는 것을 미리 꿰뚫어야 보고의 맥을 끊지 않고 효과적으로 대화할 수 있다. 호통을 최소화 하는 것이 관건이다.

둘째, 근거를 내세워라. 상사가 무조건 우기는 경우가 많다면 정확한 근거 자료를 하나 더 준비하는 것이 현명하다. 가장 객관적인 지표는 역시 분석에 의한 데이터나 수치다. 상호 주관적인 입장은 논쟁을 야기할 수 있지만 객관적 근거는 대화를 유도한다.

셋째, 상사의 언어를 사용하라. 보고서에서 글자 몇 개만 바꾸는 상사도 있지만 싹 뒤집어엎는 상사도 있다. 평소 상사의 언어를 이해하지 못하면 전면 수정 사태가 발생한다. 미디어 전문가 마샬 맥루한Marshall McLuhan은 "훌륭한 커뮤니케이터는 상대의 언어를 사용한다"고 했다. 지시 사항에 대해 자주 묻고 피드백 받아라. 잦은 대화에서부터 상사의 언어 습득이 시작된다.

상사와의 소통을 위해서는 스스로 준비되어 있어야 한다. 그래야 괜한 호통으로 마음 상하는 상황을 최소화 할 수 있다. '나는 달라' '나는 저러지 않을 거야'라는 막연한 상상보다는 꾸준히 노력하고 인내해서 상사와 대화하는 법을 배우고, 나아가 미래에 말이 통하는 상사로 거듭나도록 하자.

나는 과연 '말할 준비'가 되었는가

한 마디, 한 마디가 팀원들을 진땀나게 하기로 유명한 팀장이 있다. 이유 없이 괴롭히는 경우는 없지만 완벽주의 성향이 있어 실수나 변명을 용납하지 않는다.
하지만 질책의 순간에도 당사자의 말은 끝까지 들어준다. 상황과 핵심을 파악하는 소통의 과정이기 때문이다. 오해한 부분이 있으면 풀고, 사과하고 격려도 해준다. 다른 팀에서 볼 때는 그저 악명 높은 팀장이지만 함께 일해본 사람은 의외의 모습에 놀라기도 한다.

소통은 상대방의 얼굴을 쳐다보며 눈을 맞추는 것에서부터 시작한다. 상대의 행동과 표정 등을 통해 감정을 읽고 반응하는 것도 중요하다. 그다지 어렵지 않은 일 같지만 직장 생활에서 실천하는 것은 쉽지 않다. 경험과 연습을 통해 익숙해져야 실행할 수 있는 능력이며, 의식적으로 익히고자 하는 노력 없이는 쉽게 배울 수도 없다.

여기저기서 소통을 외치지만 소통이라는 것에 대해 명확하게 인지하고 실행하는 사람은 많지 않다. 가장 쉽게 이해하며 배울 수 있는 방법은 누구나 인정하는 소통의 달인을 관찰하는 것이다. 왜 그들이 소통의 달인인지, 이들이 어떻게 상대의 마음을 사로잡는지 확인하는 것에서부터 커뮤니케이션은 시작된다.

가장 먼저 소개할 사람은 하루에 1천 400만 명의 미국인들을 불러 모았던 오프라 윈프리Oprah Winfrey다. 그녀는 누구나 인정하는 소통의 달인이다. 그녀의 인기 비결은 바로 상대방 입장에서 대화하는 '공감 경청'이다. 그래서 오프라 윈프리 쇼는 일명 '라포rapport 토크'라고도 불린다.

라포는 심리학 용어로 상대방에게 신뢰감과 친밀함을 느껴 공감대를 형성해 나가는 과정을 뜻한다. 이를 통해 상대방의 입장을 이해하고 동질감을 느끼게 만들어 심리적으로 편안한 대화를 가능하게 한다. 상대방이 '나는 인정받는 존재다'라고 느끼게 만드는 것이 바로 그녀만의 기술이다.

미국에서 25년간 CNN 라이브 토크 쇼를 이끌며 큰 인기를 누렸던 래리 킹Larry King도 소통의 달인으로 불린다. 그는 "다른 사람의 말에 귀를 기울이지 않으면 상대도 당신의 말을 귀 기울여 듣지 않는다. 말을 제일 잘하는 사람은 논리적으로 말하는 사람이 아니라, 남의 말을 잘 들어주는 사람이다"라는 말로 소통의 비결을 설명했다.

상대의 말을 그냥 듣는 것이 아니라 마음으로 듣기 위해 노력하는 것이 소통의 비법임을 알 수 있다.

상대의 이야기를 집중해서 들으면 상대가 무엇을 말하려고 하는지 보다 잘 알게 된다. 그러니 상대가 공감하고 열린 마음으로 대화에 임하게 해준다. 상대의 이야기에 집중해 상대방의 입장이 되어 보는 것, 이것이 바로 소통의 기술이다.

대한민국 최고의 소통 달인은 국민MC 유재석이다. 그가 연말 시상식에서 10회 이상의 대상을 받고도 같은 자리에 오래 머물 수 있는 것은 바로 대화의 기술, 즉 경청에 능숙하기 때문이다. 사회자로서 중심을 잡고 게스트들을 편하게 하고, 그들의 말에 늘 경청하고 이를 토대로 골고루 말할 수 있는 기회를 준다.

항상 모자라거나 지나침이 없는 유재석만의 '소통의 법칙'이 있다. 그 법칙을 소개하자면 다음과 같다.

1. 앞에서 할 수 없는 말은 뒤에서도 하지 마라.

2. 말을 독점하면 적이 많아진다.

3. 목소리의 톤이 높아질수록 뜻은 왜곡된다.

4. 귀를 훔치지 말고 가슴을 흔드는 말을 하라.

5. 내가 하고 싶어 하는 말보다 상대방이 듣고 싶어 하는 말을 하라.

6. 칭찬에 발이 달렸다면 험담에는 날개가 달려 있다.

7. 뻔한 이야기보단 펀fun한 이야기를 하라.

8. 말을 혀로만 하지 마라. 눈과 표정으로도 말하라.

9. 입술의 30초가 마음의 30년이 된다.

10. 함부로 말하지 말고, 한 번 말한 말은 책임져라.

직장 생활에서 소통의 부재가 반드시 상사만의 문제는 아니다. 상사는 들을 준비가 안 되어 있고, 그렇기 때문에 부하 직원들은 말할 준비를 하지 않는다. 이러한 악순환이 소통 장애를 유발한다.

서로를 이해하고 배우고 변화하려는 움직임이 바로 소통의 시작이다. 모르면 배우고, 배우면 실천하고 전파하려는 상호 간의 노력이 상사를 바꾸고 회사를 바꾸고 조직 문화를 바꾸는 방법임을 잊지 말아야 할 것이다.

434가지 감정 단어 중 30퍼센트만이 긍정적 표현이다

지방 출장 중인 V대리의 휴대폰에 부재중 전화 열다섯 통이 찍혀 있었다. 그중 절반 이상이 팀장의 전화였다. 부랴부랴 연락을 하니 팀장은 "야, 이 XX야! 전화를 왜 그렇게 안 받아! 귓구멍이 막혔어? 너 때문에 대표이사 보고 못했잖아!"라며 다짜고짜 소리쳤다.

당황한 V대리는 뒤통수를 얻어맞은 것처럼 멍했다. 저녁도 건너뛰고 정신없이 일했는데, 돌아온 것은 상사의 욕설뿐이었다.

'사람이 어떻게 그럴 수 있어?' '네가 먼저 그랬잖아' '너는 허구한 날 지각이냐?' '너 또 그럴 줄 알았다'라는 대사는 주변에서 자주 들리는 흔한 표현이다. 사람들은 이 같은 이야기를 들으면 비난이나 위협을 받고 있다고 여기게 된다.

그렇기 때문에 자신의 잘못된 점을 생각하기 보다는 방어 기제를 발휘해 상대를 밀어내려 한다. 상대가 잘못했을지라도 부정적인 감정과 말을 앞세우지 말고 객관적인 상황을 차분하게 설명하는 것이 상대를 이해시키고 자신의 의도를 효과적으로 전달할 수 있는 대화법이다.

부정적인 말로 인해 대화가 단절되는 것은 상사와의 대화에서만 일어나는 문제가 아니다. 가만히 생각해보면 주변 동료들이 '행복하다' '즐겁다' '만족스럽다'라고 말하는 것을 별로 들어본 적 없을 것이다. 우리가 평소 어떤 말을 주로 사용하는지 돌이켜보면 현대인이 얼마나 부정적인 대화 속에서 사는지 충분히 공감할 수 있다.

한 논문의 연구 결과에 따르면 우리나라 언어에는 약 434가지의 감정을 표현하는 단어가 있다고 한다. 그런데 긍정적인 어휘는 단 30퍼센트에 불과했다. 나머지 70퍼센트는 부정적인 어휘라는 것이다. 한 명의 사람이 평소 자주 사용하는 감정 단어는 보통 10개에서 많으면 40개 정도에 그치는 편이다. 이 중 긍정적 표현보다는 '짜증나' '힘들어' '괴롭다' '열 받아' 등의 부정적 단어가 훨씬 많은 비중을 차지하고 있는 것으로 나타났다.

적대감과 방어본능을 불러오지 않는 효과적 대화를 위해서 우리는 부정적인 말을 쉽게 배설하는 습관부터 고쳐야 한다. '이 정도는 누구나 하니까 괜찮겠지'라는 생각으로는 상대를 존중할 수도, 상대에게 존중받을 수도 없다.

내가 평소 자주 던지는 말에는 어떤 감정이 주로 실려 있는지 늘 생각하고 대화에 임하자. 누구든 공격적이고 부정적인 말보다는 긍정적인 표현에서 좋은 기운을 받는다. 상대와 말이 통하지 않는다고 투덜거리지만 말고, 내 말투는 어떠한지 먼저 돌아보자. 그리고 30퍼센트의 긍정적인 감정 단어를 더 많이 쓰기 위해 노력하자. 말 한

마디 한 마디가 나의 품격으로, 인격으로 자리 잡을 것이며, 효과적인 소통이 시작될 것이다.

모두가 나를 알아주지는 않는다

선택과 집중이라는 말은 다양한 상황에서 사용되는 용어지만, 인간관계에서도 십분 통용될 수 있는 개념이다. 직장에서 나를 힘들게 하는 한 사람을 '선택'하면, 그로 인해 파생되는 괴로움에만 '집중'하게 된다. 유대교 교리 중에 이런 구절이 있다.

> "열 명의 사람이 있다면 그중 한 사람은 반드시 당신을 비판한다. 당신을 싫어하고, 당신 역시 그를 좋아하지 않는다. 그리고 그 열 명 중 두 사람은 당신과 서로 모든 것을 받아주는 더없는 벗이 된다. 남은 일곱 명은 이도 저도 아닌 사람들이다. 이때 나를 싫어하는 한 명에게 주목할 것인가, 아니면 나를 사랑해주는 두 사람에게 집중할 것인가, 혹은 남은 일곱 사람에게 주목할 것인가? 그게 관건이다. 인생의 조화가 결여된 사람은 나를 싫어하는 한 명만 보고 세계를 판단한다."

직장 생활 중 나를 괴롭고 답답하게 만드는 소수의 '불통 유발자'에게만 집중하지 말자. 나를 사랑해주는 두 명의 사람에게 집중해야 정신적 위안을 받을 수 있다. 소통의 부재에 대한 답답한 체증은 소통이 가능한 누군가와 해소해야 한다.

소통과 불통 사이에서 괴롭다면

•

상사 사용 설명서를 만들어라.
자꾸 찾아가 부딪히다 보면 상사의 습관과 생각이 보이기 시작한다.

•

소통하려면 듣는 법부터 배워라.
일단은 듣자. 언변의 달인이라도 경청하지 않고는 결코 좋은 대화를 유지할 수 없다

•

긍정적인 단어에 익숙해져라.
434가지 감정 단어 중 30퍼센트의 긍정적 단어를 사용하면 대화의 격을 높일 수 있다.

chapter. 3

반복되는 좌절을 통해 거듭나다

야근에 지친 나를
그 누가 알아줄까

극에 달한 한국의 야근 문화

프랑스로 이민을 떠난 한국인이 매일 혼자 야근을 했다. 프랑스인 상사가 "무슨 짓이냐?"고 다그쳤다. 한국인은 "내가 열심히 하고 싶어서 하는 것이다. 덕분에 당신 성과도 좋아질 것 아니냐"고 반문했다. 상사는 "너는 지금 우리가 오랜 세월 힘들게 만들어놓은 소중한 문화를 망치고 있다. 너를 의식한 누군가가 저녁이 맛있는 삶과 사랑을 주고받는 주말을 포기하게 하지 마라"며 꾸짖었다.

대한민국의 야근 문화를 비판하며 한때 SNS에 떠돌던 이야기다. 유럽과 달리 대한민국 직장인들은 왜 야근을 당연하게 여길까? 과연 직장인에게 야근은 일 잘하고 성실한 사람으로 인정받기 위해 반드시 필요한 것일까?

대한상공회의소와 컨설팅 업체 맥킨지가 9개월간 국내 기업 100개사 임직원 4만여 명을 대상으로 '한국 기업 문화 실태 진단'을 실시했다. 이에 직장인들은 습관화된 야근을 가장 심각한 기업 문화로 꼽았다.

야근 문화의 근본 원인으로는 불합리적 업무 프로세스와 상명하복의 불통 문화가 지목되었다. 조사에서는 퇴근 전 갑작스런 업무 지시나 불명확한 업무 분장으로 한 사람에게 일이 몰리는 경우, 업무 지시 과정에서 배경이나 취지에 대한 소통이 부족해 야근하는 사례 등이 확인됐다.

위의 조사에서처럼 일을 갑작스럽게 맡게 된 경우나 업무가 과중해 야근을 하게 되는 경우라면 그나마 평범한 상황으로 볼 수 있다. 그런데 대한민국 직장인들이 야근 문화에 치를 떠는 이유는 따로 있다. 직장 생활에 대한 젊은이들의 부정적 인식이 극에 달하는 것은 '비상식적인 야근 문화' 때문이다.

"진급 심사를 할 때 출근 명부를 가져오라고 해요. 그렇게 해서 주말에 나오는지 아니면 평일에 언제쯤 퇴근을 하는지 확인을 해요. 상사들은 그런 거 감안해서 할 일이 없더라도 남아서 자리를 지키라고 말해요."

한 방송 프로그램에서 중견 기업에 다니는 신입 사원이 인터뷰한 내용이다. 이처럼 의미 없는 야근은 젊은 직장인들에게 치명상을 주고, 퇴사를 생각하게 할 만큼 참을 수 없는 폭력이 되기도 한다.

직장 생활을 하다 보면 갑작스럽게 처리할 업무가 가끔 생긴다. 이때는 조금 짜증이 날뿐 큰 불만 없이 상황을 받아들일 수 있다. 그러나 습관적 야근, 상사 때문에 강제되는 야근, 수당을 위한 이기적 야근 등 상식에서 빗겨난 야근은 문제가 된다. 피할 수 있는데도 피하지 않는 야근은 업무 효율성을 떨어뜨릴뿐더러 그 누구에게도 인정받을 수 없다.

남들은 일에 치여 야근을 할 때, 이해 받지 못할 이유로 야근을 일삼고, 매일 아침 피곤에 찌든 모습을 보이면 동료들은 "역시 유능하군!"이라는 찬사를 절대로 보내지 않는다. 악습관이 만성적 질병으로 굳어지기 전에 본인의 야근 스타일은 어떤지 한 번 돌아볼 때다.

달 보며 출근하고 달 보며 퇴근하고

광고대행사에 다닐 때는 새벽 2~3시까지 야근하는 날이 많았고, 아예 사무실에서 자는 날도 부지기수였다. 그런데 야근하는 이유는 과도한 업무 때문이 아니었다. 대행사는 원래 야근을 한다는 말도 안 되는 착각이 불러일으킨 참사였다. 야근을 하니 출근 시간이 늦다. 잠깐 일을 하는가 싶으면 점심시간이다. 두어 시간 점심을 먹고 들어와 일한다. 해질 무렵 선배들은 저녁을 먹고 당구장에 들렀다가 돌아와 진짜 일을 시작한다. 야근을 안 할 수 없는 시스템이었다.

과도한 업무 때문에 밥 먹듯 야근하는 직장인이 되어 보기도 했고, 야근에 찌든 선후배들의 모습을 옆에서 지켜보기도 했다. 물론 야근에 지친 동료들로부터 진심이 담긴 탄식과 한탄을 듣기도 했다. 미디어에서는 대한민국 야근 문화와 이에 따른 폐단에 대해 꾸준히 다뤄지고 있다.

일이 넘쳐나는 경우에는 인력을 보강하는 등 업무 환경 개선이 반드시 필요하다. 그런데 남들과 비슷하게 적당히 부여받은 업무인데도 시도 때도 없이 야근하는 직장인들이 있다. 이러한 직장인들의 특징 중 하나는 일과 중 업무 몰입도가 떨어진다는 것이다. 대신 다른 쪽으로 과도한 집중을 보여주는 경우가 많다. 친구들과 카톡으로 수다를, 동료들과 메신저로 잡담을, 수시로 온라인 쇼핑과 웹서핑을, 틈만 나면 담배 한 대를, 때때로 커피 한 잔을 이유로 시간을 낭비하기 일쑤다.

물론 틈틈이 쉬어야 업무 효율성이 높아지는 것은 사실이다. 그렇지만 너무 자주 쉬고 가끔씩만 일에 몰입하면 업무 효율성은 바닥을 찍는다. 이런 잡스러운 행동 하나하나가 집중의 맥을 끊는 방해로 작용하기 때문이다.

어느덧 퇴근 시간이 다가왔는데 해야 할 일은 남아 있고, 은근슬쩍 회사 돈으로 저녁을 챙겨먹고 들어와 부른 배를 움켜쥐고 마우스를 다시 잡는다. '역시 아무도 없어야 일이 잘 돼'라는 흐뭇한 착각 속에 남은 업무를 시작한다. 그런데 배부르고 등 따시니 졸음이 몰려온다. 진도가 제대로 나가지지 않자 단호한 결정을 내리기에 이른다. '내일 해야지…!' 그리고 다음 날 묘한 기시감을 느끼며 같은 상황을 반복한다.

이처럼 엉뚱하게 길들여진 습관 때문에 야근은 야근의 꼬리를 물고 반복된다. 이는 자기 관리, 즉 시간 활용의 문제로 이어진다. 악교에서 집중 잘하는 학생이 공부를 잘하듯 회사에서도 몰입하는 사람이 일을 잘하는 법이다.

스스로 정한 계획에 따라 또는 시간 내에 업무를 완벽하게 마무리 했을 때 느껴지는 성취감을 맛본 사람은 일과 시간을 허투루 보내지 않는다. 업무 시작 전에 오늘 해야 할 업무를 오전, 오후 시간대별로 나누거나 순서에 따라 메모하고 하루를 연다면 불필요한 시간 낭비를 막을 수 있다.

미국의 심리학자 웨인 다이어Wayne Dyer는 "자기 책상을 떠날 수 없을 정도로 회사 일에 충성하는 사람은 바로 그 자리에 앉아 있을 자격이 없는 사람이다"라고 말했다. 지금의 자리에서 자신의 시간과 업무를 제대로 관리할 수 없다면 그 자리에서 당장 비켜줘야 된다는 말이다.

직장에서 업무 시간은 정해져 있고, 시간에 맞춰 업무를 처리하는 스피드도 능력 중의 능력이다. 회사가 아무리 업무 효율성을 외치고, 집중 근무 시간을 도입해 정시 퇴근을 독려해도 본인이 이를 제대로 지키지 못하면 귀 막고 회사를 다니는 꼴이 되고 만다. 정말로 일이 많아서 달을 보며 퇴근하는 것인지, 단지 습관적인 '나머지 공부'인지 정확한 진단이 필요할 때다.

눈치 싸움보다 나은 퇴근 전략

유명 기업에 다니는 친구가 있다. 그런데 친구는 매번 야근 핑계를 대면서 오래 전 잡은 약속도 어기기 일쑤였다. 친구들은 회사 일을 혼자 다 하냐며 비아냥거렸는데, 사연이 기구했다. 임원이 퇴근을 하기 전까지는 아무도 퇴근을 할 수 없었다는 것이다. 임원이 나가면 그때가 퇴근 시간이 되고, 임원이 개인 약속 없는 날은 회식을 한다고 했다. '윗사람이 바뀌면 달라지겠지'라는 생각으로 버티던 친구는 결국 3년 만에 이직했다.

팀장은 조직의 우두머리다. 그렇기 때문에 팀원들은 시시때때로 팀장을 의식하며 직장 생활을 연명해나간다. 그런데 하루 이틀 다닐 회사도 아니고, 사실 평생 모실 팀장도 아니다. 스스로 저녁이 있는 삶에 백기를 들고 개인 스케줄을 과감하게 무너뜨리면서까지 상사의 퇴근 시간을 기다릴 필요는 없다.

평소 맡은 업무를 성실하게 잘 수행해왔다면, 그리고 그날 해야 할 일을 마무리했다면, 눈치 볼 필요 없이 퇴근해야 한다. 조직 문화에 따라 다르겠지만, 요즘에는 많은 직장이 정시 퇴근을 독려하고 있고 심지어는 팀장을 먼저 집에 보내는 '팀장 정시 퇴근제'까지 민

들어 야근 근절에 앞장서고 있다. 그만큼 야근에 있어서는 상사의 역할이 중요하다는 말이다.

그러나 여전히 많은 직장인들은 자신이 맡은 바 소임을 다했는데도 해바라기처럼 상사의 퇴근만을 기다린다. 이렇게 반강제적으로 이어지는 야근시간에 직원들은 웹서핑이나 하면서 메신저로 "아, 팀장 왜 안 가? 나 약속 있는데…"라는 하소연만 늘어놓으며 아까운 전력과 시간을 소모할 뿐이다.

신입 사원들의 퇴사를 다룬 한 방송 프로그램이 있었다. 내로라하는 대기업을 과감하게 그만둔 어느 직장인의 인터뷰가 참 인상적이었다. 회사에서 나온 지금도 도저히 이해할 수 없다는 표정으로 "분명히 퇴근은 5시거든요. 그런데 일단 아무도 집에 안 가요. 6시에는 다 같이 밥을 먹으러 내려가요. 그 이후 이제 7~8시에 퇴근하면 빨리 가는 부서, 9시 정도 되면 일반적인 부서, 매일 11시, 12시까지 하면 조금 강도가 센 부서로 인식이 되죠"라고 말했다.

팀원들은 팀장의 눈치를 보고, 팀장은 임원의 눈치를 보느라 퇴근을 미루고 있는 모습도 방송에서 묘사됐다. 사실 어느 직장에서나 흔하게 볼 수 있는 풍경이다. 기성세대들은 이런 일을 이해하는 편이지만, 신입 사원들은 비효율적인 문화에 적응하기가 어렵기만 하다.

그들의 시각에서는 불필요한 시간 낭비, 인력 낭비 그리고 에너지 낭비까지 일석삼조의 낭비로 밖에 보이지 않는다. 그렇다고 무조건 회사를 그만둘 수는 없다. 피할 수 없고, 정면으로 맞설 수 없다면 우회하는 방법이라도 찾아야 한다.

대학 선배가 근무하는 한 대기업 회계팀은 매일 같이 야근을 일삼는 임원 덕에 직원들이 덩달아 남게 되는 악순환을 반복하고 있었다. 이런 상황에서 혼자 퇴근 하는 게 눈치 보여 직원들은 작전을 짰다. 3~4명이 한꺼번에 상사에게 인사하고 퇴근하는 '탈출법'을 강구한 것이다. 서로 메신저로 신호를 보내서 동시에 퇴근하면 눈치도 덜 보이고, 누구 하나 콕 집어 찍힐 위험도 줄어든다고 했다.

직장 상사가 시급한 업무 때문에 늦게까지 남아서 일할 때 그 업무와 관련 있는 팀원들이 함께 남아 일하는 것은 당연하다. 하지만 나머지 직원들은 다음 기회를 위해 홀가분하게 퇴근할 수 있는 분위기를 조성해야 한다. 매번 퇴근 시간마다 가슴 졸이며 정시 퇴근 기회를 하늘의 뜻에만 맡기는 무책임한 처사에서 스스로 벗어나보자.

모두가 꿈꾸는 '저녁 있는 삶'

대학원 동기가 굴지의 기업에 경력직으로 입사했다. 급이 다른 연봉과 복지 혜택이 부럽기만 했는데, 입사한지 얼마 되지 않아 다시 이직을 고민했다. 팀장을 비롯한 팀원들의 야근 문화 때문이었다. 이전까지는 공기업을 다녔기 때문에 퇴근 시간은 언제나 6시였다. 그런데 회사를 옮긴 후에는 9시, 10시 퇴근이 일상이었다. 이유는 야근 수당. 적당히 야근을 하면 애들 유치원비는 나온다는 것이다. 팀원들은 금전적인 이유로 헤어 나올 수 없는 야근의 늪에 빠져있었다.

《아, 보람 따위 됐으니 야근수당이나 주세요》라는 제목의 책이 있다. 어차피 야근을 해야 하는 상황이라면 수당이라도 챙기고자 하는 직장인들의 현실적 바람을 반영한 제목이다. 보람보다 수당을 더 챙기는 현실 속에서 실제로 야근 수당 정책이 있는 회사에 다니는 직장인들은 금전적 유혹에 쉽게 빠지기도 한다.

공무원들이 실리콘으로 가짜 손가락을 만들어 야근 수당을 챙긴 사례가 뉴스에 나왔다. 만취 상태로 운전을 하다 적발된 후 사무실에 들러 지문 인식기에 손가락을 찍어 초과 근무 수당을 챙긴 어이없는 사례도 있었다.

안타깝게도 야근을 하고 수당을 받지 못하는 직장인들이 더 많지만, 수당을 받을 수 있는 경우라면 조금이라도 더 챙기고 싶은 게 사람 마음이고 욕심이다. 대부분이 박봉의 직장인이기에 유혹에 쉽게 넘어가기도 한다.

앞서 이야기한 대학원 동기의 팀원들은 퇴근 시간쯤 저녁을 먹고 천천히 들어와 각자 알아서 시간을 때우다가 9시쯤부터 사원증을 찍으며 퇴근한다고 했다. 요즘은 이런 병폐를 예방하기 위해 사전 야근 신청 제도를 도입해 보다 철저하게 관리하고 있지만 완벽하게 막을 수는 없다.

한국경영자총협회 경제 조사 관계자는 노동자들의 노동 시간이 긴 것에 대해 '수당을 받기 위해 노동자가 자발적으로 야근을 하는 것' 이라는 의견을 내놓기도 했다. 이런 비효율적인 상황을 근절하기 위해서는 공기업이든 사기업이든 회사에서 제도적인 장치를 마련할 필요가 있다.

그리고 개인은 돈 몇 푼에 저녁이 있는 삶을 포기하지 말았으면 한다. 저녁이 있는 삶을 포기하고 회사에만 머물다 보면 무기력증이나 만성피로에 시달리게 되고, 건강에도 문제가 생길 수 있다. 체력이 뒷받침 되지 않으면 물질적 풍요도 소용없다.

미국의 정치인 벤자민 프랭클린Benjamin Franklin은 "버는 것보다 적게 쓰는 법을 안다면 현자의 돌을 가진 것과 같다"고 말했다. 현자의 돌은 불변불멸의 완전한 물질이며, 불완전한 것을 완전한 모습으로 변화시키는 효과를 지닌다고 여겨지는 상상 속 개념이다. 프랭클린의 이야기를 통해 우리는 돈이 많고 적음보다는 현명한 관리가 중요하다는 사실을 되새길 수 있다.

스스로 피할 수 있는 야근을 사소한 욕심 때문에 억지로 붙잡고 늘어지지 말자. 팀이나 회사를 위한 것이 아닌 본인의 사리사욕을 채우기 위한 불편한 야근을 이제 놓아주고, 저녁이 있는 삶 속에서 당당하게 보람과 행복을 찾기 위해 노력하자.

딴짓에도 나름의 가치가 있다

영국의 철학자인 버트런드 러셀Bertrand Russell은 "인간은 하루 4시간만 밥벌이를 위한 일을 하고, 나머지 시간엔 자체로 즐거운 무언가를 하고 살아야 한다"고 말했다. 살짝 과장도 있지만 전적으로 동조하고 싶다.

21세기다. 직장에 올인하면 미래를 어느 정도 보장받을 수 있던 시대는 지났다. 이제는 좀 더 똑똑한 직장 생활이 필요한 때다. 법정 근로 시간을 다 채우고 나면 자리를 박차고 나오는 습관을 들여야 한다.

너무 사명감을 가지고 본업에만 충실하다 보면 나중에 상실감만 커질 수 있다. 그래서 일과 삶의 균형이 중요한 것이고, 이러한 균형은 일과 가정 외 '즐거운 무언가', 즉 '딴 짓'에서 찾을 수 있다.

'딴 짓'이라는 것은 자기계발이 될 수도 있고, 취미 활동이 될 수도 있다. 중요한 점은 단순히 시간을 때우는 일이 아닌, 언젠가는 써먹을 수 있는 활동이어야 한다는 것이다.

아무리 대기업에 근무한다 해도 평범한 직장인은 정리 해고의 순간 무너질 수밖에 없다. 이제는 한 회사, 한 업종에서 10년, 20년 일한 것을 인정받을 수 있는 시대가 아니다. '어떤 일을 했느냐' 보다는 '어떤 것을 잘하고, 또 다른 무엇을 할 수 있느냐'가 중요한 세상이다.

직장인이 일 외에 또 다른 무언가를 할 줄 알기 위해서는 저녁을 알뜰하게 활용해야 한다. 습관적인 야근에 발목 잡혀 딴짓할 수 있는 시간을 날려버리면 안 된다.

《퇴근 후 3시간》의 저자인 니시무라 아키라는 "남는 시간을 활용한다는 정도의 한가로운 자세를 단호히 버리고 적극적으로 저녁 시간을 만들어내라"고 말한다. 저녁 시간을 허투루 보내면 남는 것 없이 세월이 흘러간다.

회사에서 '일 하는 것' '열심히 하는 것' '잘하는 것'은 당연한 것이다. 번외로 '딴 짓'을 찾아 관심을 쏟아야 또 다른 미래를 기대할 수 있다.

취미로 시작한 골프에 빠져 밤마다 티칭프로를 준비하는 지인도 있고, 스트레스 해소를 위해 다니던 해외여행 덕에 책을 펴내면서 여행 작가로 전향한 직장 동료도 있다. 대기업 연구원으로 재직하던 한 친구는 밤마다 취미로 만들던 향초에 빠져 향초 사업가가 되기도 했다.

'미래의 삶'은 준비하는 자에게만 주어지는 것이다. 누가 시켜서 하는 일이 아니라 자발적인 시작이어야 더욱 의의가 있는 것이고, 결과도 뚜렷해진다. "당신의 저녁은 안녕하십니까?" 이 물음에 대한 답을 쉼 없이 찾자.

저녁이 있는 삶을 살고 싶다면

•

하루 8시간만 충성하라.
잡스러운 행동을 줄이고 업무 몰입도를 높이면 습관적 야근의 악순환에서 벗어날 수 있다.

•

상사의 분신이 되지 마라.
퇴근 시간마다 벌어지는 기성세대의 '상사바라기' 풍토에 동참해서는 안 된다.

•

저녁에는 개인의 삶에서 행복을 찾아라.
야근 수당으로는 살 수 없는 값진 경험이 회사 밖에서 기다리고 있다.

보고서는 내가 만들고, 실적은 팀장이 챙기고

멀리 가려면 함께 가라

최악의 상사라고 하면 역시 후배의 '공'을 가로채는 상사다. 여기서 말하는 상사는 팀장 이하의 '선배' 정도로 생각하면 된다. 개인의 실적은 어차피 팀의 실적이고, 회사의 실적이다. 결국 그 공은 팀을 이끌고 있는 팀장에게 돌아간다. 팀장은 자신의 공을 팀원들 혹은 당사자에게 치하한다.

리더는 모든 업무를 지시하고, 수시로 보고받고, 피드백을 주기 때문에 수행하는 모든 일을 함께 진행한다고 볼 수 있다. 그래서 실적과 결과를 팀 혹은 팀장의 몫이라고도 하는 것이다. 이는 결과가 좋지 않을 때도 마찬가지다.

후배들이 배신감을 느끼는 것은 함께 업무를 진행한 선배가 윗선에 보고할 때 마치 자기가 다 한 일인 듯 행동하기 때문이다. 조용히 혼자서 상사의 신임을 얻으려는 경우다.

"제가 하는 업무의 실적은 당연히 상사의 것이라 생각합니다. 왜냐하면 저의 성과가 곧 상사의 성과고, 상사의 성과가 다시 회사의 성과이기 때문입니다. 조직에서의 성과관리는 다양한 경우가 있기 마련입니다. 내적인 실력을 더 쌓아서 업무를 진행하다 보면 또 다른 성과를 내보일 수 있는 기회가 오기 마련입니다. 그러니 더 많은 성과를 내지 못한 것을 아쉬워하는 게 부하 직원의 바람직한 태도일 것으로 봅니다."

국내 한 대기업의 면접 기출문제 '상사가 자신의 실적을 가져가려고 한다. 어떻게 대처하겠는가'에 대해 기업이 원하는 답변 내용이다.

기업이 원하는 인재상은 이처럼 공을 두고 다투기 보다는 앞날을 기약하며 자신의 임무에 최선을 다하는 마음 착한 직원에 가깝다. 하지만 모든 것을 기업의 입장에서만 생각하면 조직의 일원들은 분노할 것이고, 의욕이 소멸되는 만큼 성과도 줄어들 것이다.

직장인들이 원하는 바는 자신의 공을 여기저기 떠벌려달라는 것이 아니다. 그저 자신이 노력한 만큼의 노고를 조금이라도 인정해달라는 것이다.

예전에 함께 일했던 직속 상사는 어떤 업무를 수행하던 간에 후배인 나의 몫부터 챙겼다. 팀장에게 보고를 할 때도 늘 부하 직원의 존재를 잊지 않고 알렸다. 팀장이 어떻게 받아들이는지는 상관없었다. 후배들은 그 상사와 일할 때면 더욱 열심히 하고자 하는 에너지를 얻고 선배로서 그를 신뢰하게 되었다.

어떤 업무에서건 좋은 성과가 나왔을 때, 부하 직원은 그 공을 전부 자신의 것이라 생각하지 않는다. 앞서 말했듯 개인의 실적은 팀의 실적이 되고, 이는 곧 상사의 실적이 된다.

그리고 어느 누가 말하지 않아도 실적을 낼 수 있도록 팀원들을 관리한 상사에게 공은 돌아가기 마련이다. 조직에서는 부하 직원들을 제대로 관리하는 것도 상사의 큰 덕목이자 능력으로 평가 하기 때문이다.

임원의 자질과 능력에 관한 도서《한국의 임원들》에는 다음과 같은 내용이 나온다.

"진정으로 훌륭한 지도자는 부하 직원의 성공이 자신의 성공임을 아는 사람이다. 부하 직원들이 A를 받도록 힘써라. 그러면 상사인 본인은 A+를 받을 수 있다. 부하 직원을 성공시키는 임원팀장이라는 명성을 구축하라."

팀원들의 실력과 공이 곧 상사의 능력과 명성으로 연결된다는 것을 세상의 모든 상사가 알아주었으면 하는 바람이다.

직장에서는 개인적인 욕심을 버린 윈윈전략이 상생을 부른다. '빨리 가려면 혼자 가고, 멀리 가려면 함께 가라'는 아프리카 속담이 있다. 길게 멀리 가고자 하는 것이 요즘 직장인들의 바람이다. 외로운 직장 생활, 상사를 비롯한 선후배 모두가 '함께 멀리'를 실천할 수 있도록 힘써보자.

그림자 같은 역할에서 벗어나고 싶다면

외국계 기업 연구개발팀에 다니고 있는 S차장은 가끔 임원으로부터 직접 업무 지시를 받는다. 중간에 팀장이 있지만 그는 임원이 지시한 업무를 제대로 수행하지 못해 임원과 사이가 틀어졌다. 임원이 지시한 업무 대부분을 S차장이 주로 맡아 처리했는데, 보고를 맡은 팀장이 잦은 실수를 반복해 신뢰를 잃은 탓이다. S차장은 유학파로 외국에서 근무한 경험도 있어 해외 사정에 대해서도 잘 알고, 맡은 분야에서는 어느 누구 못지않은 전문가다.

어느 분야에서건 독보적인 전문가가 되면 제아무리 상사라 하더라도 해당 업무에 쉽게 접근하기가 어려워 공을 가로채기 힘들다. 실제로 해당 팀장은 자신에게 내려진 임원의 수명 업무를 대부분 S차장에게 지시했고, S차장이 모든 자료와 보고서를 만들었다.

S차장이 만든 자료를 가지고 임원 보고에 들어가던 팀장은 임원의 예상치 못한 질문에 번번이 깨지고 나왔다. 성과와 실적에 대한 욕심은 많았지만 해당 업무에 대해 정확한 이해가 부족해 답변이 미흡했던 게 원인이었다.

결국 팀장은 S차장을 투입해 임원 보고를 마쳤고, S차장이 대표이사 보고까지 올라가게 됐다. S차장은 전문성을 토대로 자신에게서 멀어져가던 실적과 공을 되찾을 수 있었다.

많은 직장인들이 상사의 실적을 위해 그림자처럼, 머슴처럼 일해야 하는 상황을 자주 겪는다. 속에서는 천불이 나겠지만 기분 내키는 대로 대처하면 안 된다. 상사와 감정적으로 대립하거나 극단적인 생각으로 사직서를 내기라도 하면 자신만 손해다.

감정적으로 대립하면 기본이 안 된 부하 직원으로 낙인찍히게 될 것이고, 쉽게 그만두면 부족한 직장인이라는 불명예를 얻게 될 것이다. 어려운 상황을 잘 견뎌내는 것도 배움이고, 이런 저런 경험을 쌓으면 상황 대처 능력을 키울 수 있다.

자신의 업무를 지키기 위해 가장 중요한 것은 상사가 범접할 수 없는 경지의 전문성을 키우고, 상사가 당신을 빼놓고 업무에 대해 논할 수 없을 만큼의 훌륭한 조력자가 되는 것이다. 누구도 쉽게 접근할 수 없는 전문성을 갖추는 것은 상사에게 신뢰 받는 길이며, 자신의 입지를 명확하게 구축할 수 있는 방법이다. 그래야 임원이나 대표이사 보고를 할 때 상사와 동석할 수 있는 기회도 얻을 수 있다.

탐천지공貪天之功이란 한자성어가 있다. 하늘의 공을 탐낸다는 뜻으로, 남의 공을 넘보며 자기 힘으로 이룬 체함을 이르는 말이다. 중국 춘추시대 진나라 문공의 즉위에 공을 세운 개자추는 "군주에 대해 탐천지공을 다투는 것은 도둑질을 하는 것보다도 더 수치스러운 행위다"라고 말했다. 문공은 산에 은신한 개자추의 공을 치하하기 위해 노력했으나 그는 끝내 나타나지 않았다.

공은 억지로 인정받으려고 하지 않아도, 주변 사람들에 의해 저절로 드러나게 된다. 너무 성급하고 조급하게 인정에 목말라할 필요 없다. 실력을 쌓고 묵묵히 도리를 다한다면 개자추처럼 분명 인정받는 날이 올 것이다.

선배의 실적을 빼앗아버리다

입사 1년 차 때 선배와 함께 신규 브랜드 BI와 캐릭터 개발 프로젝트를 맡았다. 그러던 중 팀장이 병가에 들어갔다. 이후 나는 다른 업무에 투입되면서 해당 업무에서 빠졌다. 진행하던 일은 선배의 단독 업무가 됐다.

어느 날 팀장이 회사에 나와 진행 중인 업무에 대해 보고를 받았다. 선배가 자리에 없어, 내가 자료를 뽑아 진행 사항을 보고했다. 회의를 마치고 자리로 돌아오자 선배는 갑자기 업무에 관련된 모든 파일을 보내고, “앞으로 이 업무 한이 씨가 다 해요!”라고 말했다.

꼭 상사만 누군가의 공과 실적을 가로챌 수 있는 것은 아니다. 이처럼 악의 없는 상황에서 동료들 간 실적과 공에 대한 시비가 발생할 수 있다. 의도하지 않은 일 때문에 문제없이 잘 지내던 옆자리 동료가 한 순간에 적이 될 수도 있는 것이다.

직장 생활을 하다 보면 누구나 한 번쯤은 생각지도 못한 당황스럽고 곤란한 상황들을 경험하게 된다. 나 역시 전혀 의도하지 않았지만 결과적으로 동료의 실적과 공을 가로채는 실수를 저질렀다.

처음에는 뭘 잘못했는지 몰랐다. 주변에서 상황을 지켜보던 한 선배가 내 행동을 '주제넘고 예의 없는 만행'이라고 지적했다. 남의 업무 영역에 함부로 침범해버린 것에 대한 비난이었다.

회사 내에서 각 팀별로 업무가 다르듯 팀에서도 개인별로 명확한 R&R역할 분담이 있다. 내 사례처럼 과도한 의욕이나 열정에서 R&R을 넘나드는 불편한 상황이 발생하기도 한다.

직장인들에게는 모두 서로 다른 역할이 있다. 자신의 업무 영역을 명확하게 파악하고, 타인의 영역에 섣불리 침범하지 않아야 한다. 괜한 오해 때문에 동료들과 멀어질 수도 있고, 한 순간에 치사한 인간으로 전락할 수도 있다. 직장 생활에 있어 상사에게는 넘지 않아야 하는 예절이 있고, 동료에게는 넘지 말아야 할 업무 경계가 있다는 것을 늘 명심해야 한다.

비자카드 설립자 디 호크Dee Hock는 "다른 사람이 당신에게 했던 일 중 싫었던 일을 생각해보고 그걸 남에게 되풀이하지 않도록 주의하라. 대신 기분이 좋았던 일을 기억했다가 다른 사람들에게 실천해보라"는 말을 했다. 누군가 내 업무를 가지고 '감 놔라, 배 놔라'하는 것을 좋아하는 사람은 없다. 내 기분이 중요한 만큼 상대의 기분도 항상 헤아리며 행동하라는 것이다.

동료들과의 원활한 관계 유지를 위해서는 역지사지의 마음가짐으로 '업무에 대한 예의'를 지켜야 한다. 공동 프로젝트를 수행할 때는 구성원 간 업무 비중을 균등하게 조절해가면서 진행해야 향후에 발생할 수 있는 '공'에 대한 문제를 미리 예방할 수 있다. 실적과 공에 대한 욕심은 누구나 크기 때문에 업무 진행 절차를 꼼꼼하게 기록해 근거 자료를 마련해놓는 것도 향후 다툼을 예방하는 좋은 방법이 될 것이다.

혼자 먹으면 체한다

A광고대행사가 한 경쟁 PT에 참여하게 됐다. 연간 매출에 지대한 영향을 미칠 만큼 중요한 클라이언트사의 광고와 제품 브로슈어를 두고 열린 자리였다. 디자인팀, 영상팀, 카피팀 등 모든 팀이 달라붙어 시안을 만들었고, 결국 수주에 성공했다. 축하를 기념하는 회식 자리에서 디자인팀 팀장은 자신의 역할이 가장 컸다며 뽐냈다. 그러자 옆에 있던 카피팀 팀장은 자신이 손본 덕을 봤다는 위험한 발언을 내뱉었다. 디자인팀 팀장과 카피팀 팀장의 언성이 높아졌고, 카피팀 팀장이 자리를 박차고 일어나며 회식은 끝났다.

직장 생활을 하다 보면 개인 혹은 팀 단위로 큰 프로젝트를 성공시키거나 업무적으로 좋은 실적을 내게 돼 성과급이나 표창을 받는 등 공로를 인정받기도 한다. 이럴 경우에는 개인이든 팀이든 실적과 공이 오롯이 자기 것이라고 생각하면 안 된다.

가끔 혼자 일을 주도하고, 막무가내로 밀어붙이며 이룬 성과나 공을 당연한 듯 혼자 독식하는 사람이 있다. 경험해봐서 알겠지만 회사라는 곳은 혼자서 살아갈 수 없는 곳이다. 다양한 조직과 구성원이 어우러져 있고, 여러 가지 업무 그리고 그와 관련된 조직원들이 유기적으로 얽히고설켜 있다. 그래서 팀장을 비롯해 팀원들, 타 부서, 타 팀원들과의 협조와 도움으로 성과를 이루게 되는 경우가 많다.

그뿐만 아니라 당신이 이룬 성과는 상사나 동료들의 조력 혹은 단지 회사의 이름값 덕일 수도 있다. 그런데 간혹 '상사와 회사는 하나도 한 게 없고, 나 혼자 다했다'라는 착각을 하기도 한다. 하지만 당신의 업무에 딴지를 걸지 않고 내버려둔 상사도, 당신을 뽑은 회사도 이미 당신을 도운 것이다.

대기업 인사에서 임원이나 사장으로 승진하는 사람은 실제로 실무를 담당하기 보다는 조직관리와 성과관리를 잘해온 사람인 경우가 많다. 예를 들어 신약 개발에 성공해 큰 실적을 거둔 계열사의 책임자는 대표로 상을 받을 것이고, 직원들은 성과급이라는 보상을 받는다. 실적과 공을 모두가 나누고 공유하는 것이다.

이처럼 조직에서의 공은 함께 나눌 때 그 가치가 더욱 돋보인다. 특히 좋은 위치에 있을 때일수록 더 겸손하게 나누는 덕을 베풀면 어려운 상황이 닥쳐도 많은 사람이 나를 도와줄 것이고, 옹졸하게 성과나 공에만 집착하면 서서히 내 편이 줄어들게 된다. 그러니까 공을 치하한다는 대표이사나 임원의 말에 '운이 좋았다'는 우답愚答을 내놓지 말고, 모든 공을 일단 팀장에게 돌리고, 팀원과 나누는 호기를 보여라.

회사의 우선적인 목표는 누군가 혹은 어떤 팀의 실적이나 공 따위가 아니다. 목표는 바로 회사의 이익이다. 단합하고 협력해서 회사의 발전에 이바지하기 위해 노력해야지 '난 남들과 달라'라는 마음으로 혼자 독주하기 시작하면 결과는 뻔하다. 한번 이뤘던 커다란 공은 정말 운수 덕택이 되고 만다.

한 대형 건설사 사장은 인터뷰에서 'CEO 취임 후 가시적인 성과에 대해서 나의 역할은 5퍼센트 정도'라며, 모든 공을 임직원들에게 돌렸다. 하지만 결국 모든 박수는 사장에게 돌아간다. 영리한 처사다.

일반적인 직장인들도 마찬가지다. 상사 그리고 동료들과 실적과 공을 나누고, 항상 겸손한 마음을 잃지 않도록 하라. 대부분의 상사는 공을 자신과 나눈 부하 직원에게 고마운 마음을 가진다.

공은 혼자 이루고, 혼자 누리는 것이 아니다. 홀로 영광을 누리기 위해 애쓰지 말고, 누군가에게 훌륭한 조력자가 되기 위해 노력하라. 공덕이 절로 쌓일 것이다.

파에톤이 떠나며 남긴 교훈

직장인들은 상사에게 그리고 동료에게 인정받고자 하는 욕구가 강하고, 누군가에게 비난을 받으면 쉽게 낙담하고 의욕을 상실한다.

조금이라도 더 인정해달라고 요구하는 것이 인간의 기본 욕구다. 그런데 인정받고 싶은 욕구가 지나치면 직장에서 그리고 일상생활에서 삶의 균형이 깨져 어떤 만족도 얻을 수 없다.

타인으로부터 칭찬이나 좋은 평가를 받고 싶어하는 심리를 '파에톤 콤플렉스'라고 한다. 그리스 신화에서 파에톤은 자신의 아버지인 태양신 헬리오스와 타인에게 인정받고 싶은 욕구를 절제하지 못해 결국 죽음으로 파멸하고 만다.

재능이 많은 사람인 경우에는 인정받고 싶은 욕구에 노력을 더해 오히려 더 좋은 성과를 내기도 하지만, 일반적인 사람이라면 능력 이상의 성취에 욕심 내다 오히려 좌절할 가능성이 크다 인정 욕구 충족량이 부족하면 직장 생활에도 큰 지장이 생긴다. 그러니 직장에서 무조건 인정을 받아야 한다는 초보적인 생각은 버려야 한다. '인정 욕구'에 대한 과도한 집착보다는 안정적인 직장 생활을 하기 위한 '안정 욕구'를 찾는 것이 훨씬 중요하다.

《누가 회사에서 인정받는가》에서는 인정받는 사람이 반드시 챙기는 세 가지 포인트를 역량, 열정, 소통과 협업이라고 했다. 저자는 이 세 가지 조건을 갖춘 사람이 조직 내에서 좋은 성과를 내며 지속적으로 성장하여 직업적 성공을 이뤄낼 수 있다고 말한다.

인정받고 싶다면 사소한 실적이나 공에 일희일비하지 말고 일단 주변에서 객관적인 눈으로 평가 받을 수 있도록 노력하는 과정을 거쳐야 한다.

나의 영향력을 인정받고 싶다면

•

'나만이 할 수 있는 일'을 하라.
특정 분야에서 독보적인 전문성을 갖추면 주변 사람들에 의해 저절로 인정받는다.

•

상대의 영토를 침범하지 마라.
업무 범위에 대한 예의를 지키지 않으면 한 순간 동료에게 적으로 몰릴 수 있다.

•

공을 나누는 영리함을 보여라.
진심이든 아니든 상사에게 돌린 영광은 나에게 반드시 되돌아온다.

근거 없는
가십의 주인공이 되다

'지라시' 같은 직장 내 소문

신입 사원과 불륜이라는 말도 안 되는 헛소문 때문에 돌아버리겠다는 유부남 친구가 있고, 한참 어린 남학생과 사귄다는 소문에 강의 가기 싫다는 강사직 대학 동기가 있다. 몇 년 전에는 자신의 아버지가 고위 공무원이라 대기업 입사 시험에 합격했다는 헛소문이 돈다며 눈물 흘린 후배도 있었다.

상대방의 상황을 잘 아는 입장에서는 그저 웃어넘길 수 있는 일이다. 하지만 한 다리 두 다리 건너며 잘 알지도 못하는 사람들의 귀에까지 이런 말이 들어간다면 상황은 달라진다. 일면식도 없는 직장 동료가 직원 검색란에서 내 이름을 검색하고, 심지어 나를 몰래 구경하러 오거나, 마주칠 때마다 의심의 눈초리로 쳐다보는 상황이 발생한다. 심해질 경우에는 직장 내 마녀사냥의 희생양이 될 수도 있다.

더욱 참을 수 없는 일은 사람들이야 쉽게 소문에 대해 잊어버리겠지만, 당사자가 감당해야 하는 고통과 스트레스는 상상 이상이라는 것이다. 한창 유행하고 있는 증권가 '지라시'의 주인공이 된 듯한 기분을 체감할 수 있다.

사람들의 몹쓸 습성 중 하나가 바로 남 험담하기다. 마치 대단한 발견이라도 한 듯 "혹시 그 얘기 들었어?"라는 말로 확인하는 척 하면서 소문내고, "너만 알고 있어"라는 말로 마무리한다. 공적인 일부터 사적인 일까지 아무런 경계 없이 소문은 돌고 돌며, 여기저기서 사람들의 관심을 끌어모으다, 결국 당사자의 귀에까지 도달해 상처를 남긴다.

남들이 생각 없이 내뱉는 말 한마디로 옆자리 동료가 한 순간에 도덕적, 윤리적 혹은 정신적으로 이상한 사람이 되기도 한다. 또한 날조된 소문은 상사의 레이더에까지 들어가 알게 모르게 불이익을 초래할 수도 있다.

"모든 소문은 위험하다. 좋은 소문은 질투를 낳고 나쁜 소문은 치욕을 가져온다."

영국의 성직자 토마스 풀러Thomas Fuller가 말했다. 타인에 대한 말은 어떤 것이든 상대를 난처하게 할 수 있으므로 늘 신중을 기하라는 뜻이다.

누군가의 세 치 혀 때문에 한 사람의 인생에 오점을 남길 수도 있다. 아무리 흥미로운 소문이라도 '주인공이 나라면? 내 가족, 내가 사랑하는 친구라면?'이라는 생각을 한 번쯤 해보고 입을 열지 말지 판단하자. 생각 없이 아무 소문이나 퍼 나르지는 못할 것이다.

섣부른 변명은 루머를 키운다

국내 유명 게임회사에 입사한 웹디자이너 D는 입사의 기쁨도 잠시, 유난히 자신만 괴롭히는 선배 때문에 지옥이 따로 없다. 선배는 화장실 가는 횟수와 자리 비우는 횟수까지 체크하고, '치마가 짧다' '향수 뿌리지 마라' '업무 시간에는 핸드폰 보지 말고, 잡담하지 마라'며 후배를 감시했다. D는 답답한 마음에 잘못한 것이 있으면 알려달라는 메일을 보냈다. 답장은 없었다. 그런데 어느 날부터 들려오는 소문에 기가 막혔다. D는 선배에게 대들고 선배를 울린 개념 없는 신입으로 둔갑해 있었다.

도청도설道聽塗說이라고 했다. 길에서 듣고 길에서 말한다는 뜻으로, 길거리에 퍼져 떠도는 뜬소문을 일컫는다. 길에서 주고받는 말은 근거 없고 허황된 말이 많으니 함부로 떠들면서 남에게 퍼뜨려서는 안 된다는 이야기다.

그런데 무료한 직장인들에게 누군가의 흠이 가미된 소문은 반가운 즐길거리가 된다. 그래서 사람들은 정체 모를 소문을 쉽게 외면하지 못하고 퍼 나르며 부풀리기에 여념이 없다.

이처럼 타인에 대해 함부로 말하고 다니는 것, 누군가의 선입견을 만드는 소문은 힘없는 사람을 더욱 무기력하게 만들고, 멀쩡한 사람을 한 순간에 악인 또는 바보로 만들기도 한다.

자신에 대한 악성 루머를 처음 접했을 때의 반응은 '울컥'과 '발끈'이다. 이럴 때 일수록 마음을 가다듬고 침착하게 대응해야 한다. 다소 과한 반응을 보이거나 말을 잘못하면 불 난 집에 부채질하는 꼴이 될 수 있고, 무조건 무시하기만 하면 알게 모르게 인격적 모욕을 당하거나 평판에 흠집이 날 수도 있다.

소문에 악의가 없다고 판단되거나 당신이 동료들로부터 충분히 신뢰를 받고 있는 경우라면 적당히 무시하는 것도 괜찮다. 하지만 그렇지 않다면 일단 그 소문이 정말 아무런 근거가 없는 것인지, 나와 조금이라도 연관이 있는지, 혹은 작은 오해로 시작된 것은 아닌지 신중하게 확인해야 한다. 만약 자신의 잘못이 조금이라도 있다면 즉시 시정하고 바로잡을 수 있도록 조용히 조치를 취하는 것이 좋다.

그렇다고 선불리 누구에게 상황을 장황히 늘어놓거나 변명하면 안 된다. 말 없이도 조용히 처리할 수 있는 일을 "난 사실 그런 사람이야"라고 고백하는 꼴이 될 수 있기 때문이다. 특히 직장에서 큰 이슈를 불러일으킬 중대한 사건에 연관된 경우에는 더욱 침착해야 한다. 속으로는 초조하고 불안하더라도 겉으로는 아무 일 없는 듯 대처하는 것이 좋다. '멘탈 갑'이 되어야 하는 순간이다. 억울하다는 것을 온몸으로 표현하고 싶겠지만, 참는 것이 누군가 던진 악의적인 미끼를 물지 않는 처사다.

사회초년생인 디자이너 D는 냉기를 풍기는 주변 선배들을 볼 때마다 심장이 떨리고 두려웠지만, 이력서에 썼던 장점인 '초긍정 마인드'를 되새기며 오히려 밝은 모습으로 사람들을 대했다. 시간이 지나면서 친한 동료와 선배들이 생기다 보니 자연스럽게 악의적 소문은 소리 소문 없이 사라졌다.

혜민 스님은 "나를 둘러싼 헛소문을 내가 그 안에 들어가서 정리하려고 하지 마라. 헛소문은 2개월만 지나면 진실이 어느 정도 밝혀진다"라고 말했다. 가장 현명한 대처법은 심각하고 진지하게 받아들이지 않는 것이다. 스스로의 행동에 따라서 소문의 파장은 커지기도 하고 금세 소멸되기도 한다. 기분 상한 티를 팍팍 내며 소문을 인정하는 듯한 태도를 취해서 금방 사라질 소문을 더 큰일로 만드는 실수는 범하지 마라.

"사장 아들이래. 어쩐지…"

유난히 동료들과 어울리지 않는 조용한 선배가 있었다. 선배는 인사고과에서 항상 최고 등급을 받고, 좋은 팀만 골라서 근무한다고 했다. 이유는 '아버지가 계열사 사장이라서'라며 주변에서 수군거렸다. 그러다 우연히 선배와 함께 지방 출장을 가게 되었고, 자연스럽게 술자리에서 이런저런 이야기를 나눴다. 소문과 다르게 아버님은 시골 초등학교 교장선생님이었다. 선배는 동기들과의 술

자리에서 농담을 했는데, 그게 와전된 것 같다고 했다. 그리고 선배의 마지막 말은 "내가 동기들하고 안 친하거든"이었다.

회사 내 소문의 실체를 파헤쳐보면 괜한 질투와 열등감에서 비롯되는 경우도 많다. 자신들보다 좀 더 잘난 누군가를 두고 선을 그어버리려고 하거나 세력 혹은 영역 다툼을 벌이는 것일 수도 있다.

선배는 회사에서 조용히 일하는 성격이었고, 업무에 있어서도 성실하고 꼼꼼해 상사에게 능력 있는 부하 직원으로 인정받고 있었다. 다만 퇴근 후 동료들과 어울리는 것보다는 운동을 하거나 자기계발에 투자했다. 동료들은 괜히 혼자 잘난 척 하는 듯한 선배가 못마땅했던 것이다.

이처럼 소문은 한 사람을 외롭게 만들고, 소문을 주도하는 사람들은 타인의 이야기에 주파수를 증폭시키며 서로 은밀한 동지애를 배가한다. 그래서 소문의 주인공은 동료들과 특별히 잘 어울리지 않는 사람인 경우가 많다. 그 사람을 가까이서 겪어보지 않았기 때문에 그저 남들에게 듣는 정보나 특정한 행동 하나로 됨됨이를 판단하기도 한다. 그러다 보면 괜한 편견이 생기고, 잘 알지도 못하는 누군가를 편파적인 소문의 주인공으로 몰아가게 된다.

남 이야기가 취미인 사람들이 문제지만, 이럴 때일수록 자신을 한번 돌아보는 기회로 삼고, 좀 더 적극적으로 동료들과 어울릴 수 있도록 노력해야 한다.

"남이 당신에게 관심을 갖도록 노력하는 2년보다 당신이 다른 사람에게 관심을 갖는 두 달 동안 당신은 훨씬 더 많은 친구를 사귈 수 있습니다."

데일 카네기의 이 말은 누군가에게 다가가려고 마음만 먹는다면 얼마든지 좋은 관계를 구축할 수 있다는 달콤한 조언이다. 원활한 인간관계는 직장 생활에 있어 가뭄의 단비 같은 것이라 할 수 있다. 공과 사는 분명히 해야 되는 곳이 직장이라지만, 사적인 친분은 분명 업무에 있어 큰 도움이 된다는 것을 부인할 사람은 없을 것이다. 언제나 내 편인 상사와 부하, 그리고 동료, 이렇게 딱 세 명만 있어도 직장 생활은 탄탄해진다.

사람의 간사한 마음은 일단 내 편이라고 생각하는 사람을 감싸주고 싶어한다. 직장 생활에서는 인간관계를 넓히는 것이 아군 세력을 확장하는 것이고, 이는 곧 근거 없는 소문의 주인공에서 멀어지는 방법이 된다. '어울림'도 직장인에게는 꼭 필요한 덕목 중 하나다.

때로는 당당한 해명이 오해를 벗긴다

협력 업체와의 불미스러운 일로 같은 팀 선배가 퇴사했다. 평소 나와 비슷한 업무를 담당해왔던 선배는 무슨 악감정이 있었는지, 팀장한테 나에 대해 이상한 말을 남기고 떠났다. 협력 업체와의 금전 거래에 대한 것이었다. 친한 동료가 사실을 알려주며, 팀원들도 소문을 다 들었다고 전해줬다. 어이가 없었지만 소문이 더 퍼져나기 전에 확실하게 매듭지어야겠다고 생각했다. 팀장과 단 둘이 대화할 수 있는 자리를 만들어 내가 들은 소문에 대한 이야기를 자연스럽게 전하면서 상황을 해결했다.

회사는 성희롱이나 힘희롱에 연관된 사람, 혹은 윤리와 도덕의 기준에서 벗어난 사건과 관련 있는 사람들을 엄하게 다스린다. 실제로 이런 일을 저질렀을 경우에는 회사를 떠날 각오까지 해야 할지도 모른다.

그런데 실제로 행하지 않은 일에 억울하게 휘말렸을 경우에도 평판에 악영향이 미칠 수 있다. 사면초가의 어려운 상황에 직면했을 때는 소극적인 자세를 취하거나 적당히 넘어가면 안 된다.

나의 경우, 팀장에게 소문에 대한 이야기를 먼저 꺼냈을 때 팀장은 나를 믿는다며 먼저 말해줘서 고맙다고 했다. 만약 내가 먼저 상황을 말하지 않고, 팀장이 나중에 그 소문을 적당히 넘기려 했다면 나에 대한 신뢰는 흔들렸을지도 모른다.

민감한 부분에서는 무조건 상사에게 솔직히 털어놔야 한다. 실제 불미스러운 일에 연관이 있더라도 남의 입을 통해 상사가 듣게 해서는 안 된다. 상사가 알기 전에 먼저 언급해주고 시정하는 모습을 보여주는 것이 믿음을 주는 방법이다. 그래야 상사도 부하 직원에 대한 소문을 들었을 때 적절하게 대처할 수 있다.

사회는 냉철한 곳이고, 회사는 외로운 곳이다. 본인에게 직면한 문제를 일차적으로 풀어야 할 사람은 바로 자기 자신뿐이다. 어려움에 처했을 때 누군가의 손길만 기다리면 도태되고 낙오된다. 스스로 해결하려고 발버둥쳐야 그나마 누군가 손을 내밀어 주는 곳이 직장이다.

모든 문제는 스스로 책임지고 해결하려는 마음을 가져야 한다. 난처한 상황에 처했을 때 현명하고 발 빠른 대처가 없다면 상상도 못한 헛소문의 주인공으로 연극의 막이 내릴지도 모른다. 생텍쥐페리Saint Exupery의 《어린 왕자》에 이런 대화가 나온다.

"세상에서 가장 어려운 일이 뭔지 아니?"

"흠…. 글쎄요, 돈 버는 일? 밥 먹는 일?"

"세상에서 가장 어려운 일은 사람이 사람의 마음을 얻는 일이란다. 각각의 얼굴만큼 다양한 각양각색의 마음을… 순간에도 수만 가지의 생각이 떠오르는데, 그 바람 같은 마음이 머물게 한다는 건 정말 어려운 거란다."

이처럼 사람의 마음을 얻는 것은 힘들지만, 신뢰를 잃는 것은 순간이다. 원활한 직장 생활을 위해서는 상사와의 우호적인 관계를 갖춰야 한다. 어떤 문제가 발생했다면 괜한 머리 굴리지 말고 상사에게 진실된 모습으로 다가가라. 어려움을 함께 헤쳐 나간 사이일수록 그 관계가 더욱 돈독해짐은 말할 것도 없다. 상호 신뢰와 믿음이 덤으로 따라올 것이다.

판도라의 상자를 열지 마라

싸움에서는 '말'을 아끼는 사람이 결국 승리한다. 직장 생활에서도 마찬가지다. 회사 내에서 한 자리씩 꿰차고 있는 사람들을 보면 유능하기도 하지만 대부분 입이 무겁다.

또한 직장 생활을 잘한다는 평을 듣거나 평소 구설수에 거의 오르지 않는 동료, 조직에서 인정받는 동료들은 말을 많이 하지 않는다. 누군가를 모함하거나 험담하지 않는다는 뜻이다. 평소 필요한 말만 하고 많이 듣는다. 때문에 말실수할 가능성이 적다.

반면 '빅마우스big mouth'나 '토커티브talkative' 유형의 사람들은 직장에서 그리 환영 받지 못한다. 신뢰를 얻으려면 말을 아껴야 한다. 말을 많이 하다 보면 반드시 실수하기 마련이다.

특히 직장에서는 남 이야기를 쉽게 하면 안 된다. 험담의 공모자들은 신뢰가 아니라 서로의 약점으로 이어진 사이다. 언젠가 판도라의 상자가 열리면 자신의 치부도 세상 밖으로 튀어나올 수 있음을 명심해야 한다.

《탈무드》에는 "험담은 세 사람을 죽인다"는 격언이 있다. 험담을 한 자, 험담을 들은 자, 험담의 대상자를 모두 죽일 수 있다는 뜻이다. 그러니 이웃의 명예를 자신의 명예처럼 소중히 여겨야 하며, 이웃을 비방하려는 것은 생각조차 하지 말아야 한다. 입만 조심해도 여러 명을 살릴 수 있다.

엉뚱한 소문에 상처받고 있다면

•

겉과 속이 다르게 대처하라.
'울컥'과 '발끈'을 2개월만 참으면 진실은 밝혀지고 소문은 사라진다.

•

인간관계를 돌아봐라.
나의 편협한 인간관계에서 비롯한 비극이 아닌지 한번쯤 생각해봐야 한다.

•

상사에게 무조건 솔직하라.
어려운 상황일수록 윗사람에게 도움을 청해야 신뢰와 믿음이 쌓일 수 있다.

시말서를 부르는 치명적 실수

'망했다'고 외치고 싶은 순간

직장 생활을 하다 보면 마음처럼 되지 않는 경우가 상당히 많다. 의욕만으로는 결코 해결할 수 없는 그런 일들. 누구나 잘해보고 싶은 마음은 굴뚝같지만 어이없는 실수를 저지를 때도 있고, 막다른 골목이라는 생각에 회사 밖으로 도망치고 싶기도 하다. 가끔씩은 나지막한 목소리로 '죽고 싶다'라는 말을 내은 적도 있다.

상사에게까지 타격을 입힐 만큼 큰 업무 실수를 저질렀을 때는 더욱 그렇다. 그렇다고 쉽게 포기하거나 주저앉을 필요는 없다. 누구나 다 경험하는 것이고, 시간이 지나면 대부분 해결되는 일들이다.

"모든 것이 잘 풀릴 때가 이상하고, 오히려 나쁜 상황이 당연하다. 이것이 나의 좌우명이다. '문제가 생긴다니, 좋아! 고민하고 풀어가면 그만큼 성장하는 거지. 문제를 극복하면 새로운 세상이 열리기 때문이야.'"

작가 하무구치 나오타의 초긍정 명언이다. 마치 직장인들을 두고 하는 말 같다. 문제는 풀고, 고통은 극복하라고 주어지는 것이다. 한 순간의 실수로 레이스에서 잠시 뒤처질 수는 있지만 그게 끝이 아닌 것을 누구나 잘 알고 있다. 직장에서는 결승선까지 가봐야 승부를 알 수 있다. 강한 자가 살아남는 게 아니라, 살아남고 보니 강해져 있는 것이다. 이를 위해서는 건 강한 정신력과 꾸준한 인내심이 필요하다.

업무에 있어 정신력과 인내심에 한계가 느껴지는 난처한 상황에 직면했을 때는 혼자 고민하거나 쉽게 좌절하지 말고, 즉각 상사에게 보고하고 도움의 손길을 요청하는 것이 현명한 방법이다.

이보다 더 좋은 방법은 바로 '유비무환有備無患'이다. 평소 꼼꼼한 생활 습관을 들여 업무 실수를 미연에 방지하는 것이 최고이자 최선의 방법이다. 하지만 직장 생활은 풍전등화風前燈火, 언제 어디서 바람이 불지 아무도 모른다. 예기치 못한 일이 발생했을 때는 적절한 수순을 밟으며 차근차근 풀어나가야 한다. 그러면 등불은 다시 살아난다.

시시각각으로 괴롭게 하는 수많은 크고 작은 불행들은 우리를 연마해서 커다란 불행에도 견딜 수 있는 힘을 양성해주며, 행복하게 된 후에도 마음이 흔들리지 않도록 단결케 하는 사명을 가지고 있다는 독일의 철학자 아르투르 쇼펜하우어Arthur Schopenhauer의 말처럼 직장 생활에서의 크고 작은 어려움은 더욱 힘든 상황을 견딜 수 있는 내성을 키워주는 동력이 된다. 이겨내고 견뎌낼수록 견고한 마음을 지닌 직장인이 될 수 있는 것이다.

실수는 빨리 보고할수록 좋다

홍보팀 L대리는 신규 프로젝트의 홍보물 제작을 맡았다. 시안을 완료하고 인쇄를 넘겼다. 며칠 뒤 최종 결과물을 받아본 L대리는 대표이사 이름에 오타가 있는 것을 발견했다. 당황한 나머지 팀장에게 보고하지 않고 업체에 재인쇄를 요청했다. 당연히 인쇄비가 추가되어 예산이 부족해졌다. 상사에게 질책받는 것이 두려웠던 L대리는 협력 업체에게 다음 번 발주 때 챙겨줄 테니 이번에는 그냥 넘어가달라고 요구했고, 참다못한 업체 대표가 팀장에게 전화를 했다. L대리는 시말서를 썼다.

회사에는 개인의 직급에 따라 주어지는 권한이 있다. 그런데 과도한 욕심에서 자신이 감당할 수 없는 영역으로 넘어서는 일이 발생하기도 한다. L대리는 업무 담당자로서 본인이 저지른 실수를 혼자 해결하고 싶었겠지만, 예산을 추가하는 것은 상사의 승인을 꼭 거쳐야 하는 일이었다. 상사의 질책이 무서워 보고도 없이 다른 방법으로 억지스럽게 일을 처리하려고 했기 때문에 이는 큰 문제가 되었다.

이처럼 책임질 수 없는 권한 밖의 일을 독단적으로 진행했을 때는 반드시 대가를 치르게 된다. 비용 문제는 결국 팀장이 추가 예산을 받아 협력 업체와 원활히 해결했다. 돈이 오가는 문제는 특히 갑을 관계에서 괜한 오해와 좋지 않은 결말을 초래할 수 있음을 기억하자.

행여 업체에서 L대리의 요구를 들어줬다 하더라도 문제는 해결되었다고 할 수 없다. 향후 L대리가 치러야 할 대가는 분명히 있고, 이런 불편한 관계가 성립되면 영화 〈악의 연대기〉처럼 악순환이 계속될 뿐이다. 결국 L대리의 평판뿐만 아니라 상사나 회사에도 손실이 발생하게 된다. 이렇게 되면 L대리의 평판뿐만 아니라 상사나 회사에도 좋을 리 없다. 이처럼 상사의 질책을 피하기 위해 보고를 생략하고 혼자서 어떻게든 해결하려는 태도는 사태를 더욱 심각하게 만드는 일임을 늘 명심해야 한다.

직장에서 잘못을 저질렀을 때 질책을 받고 책임을 지는 것은 당연한 일이다. 개인의 두려움 때문에 권한 밖의 행동을 해서는 안 된다. 오히려 나중에 과오가 밝혀지면 문제아라는 인식이 생기고, 앞으로의 직장 생활만 피곤해진다.

그러니 괜한 두려움에만 집착하지 말고, 상사의 권한을 십분 활용하는 기지를 발휘하는 게 좋다. 평소 속 좁던 상사도 큰일 앞에서는 의외의 대범함을 보여주기도 한다. 그래서 선조들의 지혜만큼 상사들의 연륜도 인정받을 만한 것이다. 영화 〈인턴〉에서 30대 CEO가 70세 인턴에게 의지하는 것은 그의 연륜을 인정하기 때문이다.

지금 당신의 상사도 시행착오를 겪고, 피눈물을 흘리는 시간을 극복해 가며 현재의 자리에 올라섰을 것이다. 당신이 도저히 해결할 수 없다고 판단한 일도 신속하고 합리적으로 수습할 수 있는 능력이 상사에게는 있다. 능력이 없다면 인맥이라도 반드시 있을 것이다. 그러니 권한을 넘어서는 위험한 행동을 개시하기 전에 자신의 죄를 가능한 빨리 떠넘겨라. 빠르면 빠를수록 욕먹는 양은 줄어든다.

권한 밖의 행동으로 문제가 이미 커졌다고 해서 보고를 포기하는 것은 직장 생활 자체를 포기하는 것이나 마찬가지다. 상사는 당신의 실수나 과실보다는 무책임한 태도에 더욱 분노할 것이다. 그렇게 되면 한 순간에 사리분별력이 떨어지는 대책 없는 부하 직원으로 추락하게 된다.

실수를 하지 않는 것이 가장 중요하겠지만, 예측하지 못한 실수를 저질렀을 때는 대처하는 자세에서 만회할 기회를 찾아야 한다. 실수를 하나라도 줄이기 위해서는 자신의 깜냥을 잘 파악해 무모한 행동을 저지르지 않도록 사전에 주의를 기울여야 한다.

선 보고, 후 조치의 원칙

퇴근 길, 여행사에 다니는 M주임에게 일본으로 여행 간 할아버지 한 분이 사라졌다는 가이드의 연락이 왔다. M주임은 그런 경우가 종종 있었던 터라 팀장에게 보고하지 않았다. 그런데 사라진 여행객을 다음 날 오후까지 찾지 못했다는 가이드의 메세지가 왔다. M주임은 이제서야 팀장에게 보고하려고 했다. 그런데 이사가 먼저 상황을 알고 팀장을 찾았다. 상황을 전혀모르고 있던 팀장은 화가 머리끝까지 치밀어 올랐다. 긴급 회의가 소집되고, M주임은 호된 질책을 당했다. 그날 저녁 현지 경찰서에서 여행객을 찾았다는 소식이 전해져 왔다. 다행이었지만, 회사까지 찾아온 가족들의 항의로 여행사는 한바탕 곤혹을 치렀다.

아무런 조치나 보고도 없이 안일한 생각으로 상황을 모면하려는 태도는 문제가 된다. '괜찮겠지?' '별 일 아니겠지?'라는 근시안적인 판단으로 보고를 차일피일 미루는 것은 상사의 입장에서 속 터지는 일이다. 상사는 보다 많은 안테나를 가지고 있기 때문에 어떻게든 문제를 탐지하게 된다.

실수가 생겼다면 윗사람이 다른 루트를 통해 사실을 알기 전에 신속하게 보고해야 한다. M주임은 가이드하고만 연락을 주고받으며 상황을 파악했다. 퇴근 길 처음 연락을 받았을 때 팀장에게 보고를 해야 했지만, 사태가 점점 커지고 나니 보고할 엄두를 내기 어려웠다.

상사는 보고 누락뿐만 아니라 보고 시기, 즉 타이밍에 굉장히 민감하다. M주임이 상사에게 알렸더라면 회사 차원에서 좀 더 발 빠른 대응을 취했을 것이다. 그랬다면 가족들이 회사까지 찾아와 난동을 부리는 일은 최소한 방지했을지도 모른다.

사실 여행객이 사라진 것이 M주임의 잘못은 아니다. 본질적인 잘못은 말할 시기를 놓친 것 하나다. 하지만 팀장이 일을 파악하기도 전에 이사에게 역으로 설명 듣게 되는 최악의 상황을 만들어버렸다. 상사라면 누구나 뚜껑이 열릴 수밖에 없다.

'나중에 해도 괜찮겠지?'라는 생각은 상황 파악 능력이 떨어지는 착각과 개인적 바람일 뿐인 경우가 대부분이다. 순간의 판단 미스로 괜한 문제를 야기하지 마라. 적정 타이밍을 넘기면서부터 문제는 점점 더 심각해진다. 사고가 났을 때 인명 구조를 위한 골든타임이 있듯, 보고에도 골든타임이 존재한다.

이 타이밍을 놓치게 되면 상사는 당신을 더 이상 신뢰하지 않게 될 것이다. 직장 생활에서는 '선 보고, 후 조치'를 늘 명심해야 한다. 간혹 긴급한 상황에서는 '선 조치, 후 보고'를 지향하기도 하지만 어쨌든 회사에서는 보고가 중요하고, 보고는 타이밍이 생명이다. 절대 미루지 마라. 할까 말까 망설이게 될 때는 무조건 하라. 그래야 후회도 문제도 최소화 할 수 있다.

객관적으로, 핑계 없이, 대책과 함께

유명 기업에 다니는 N대리는 신규 유니폼을 개발해 여름 성수기에 맞춰 지방 업장에 납품해야 했다. 그런데 공장 가동에 문제가 생겨 납품 일정이 늦어졌다. 자신의 잘못이 아니라고 생각한 N대리는 무서운 상사와 대면하는 것이 싫어서 보고하지 않고 업장에만 통보했다. 이 사실을 뒤늦게 알게 된 팀장은 담당자인 N대리를 불러 사무실이 떠나가라 호통쳤다. 자리로 돌아와 눈물을 뚝뚝 흘리던

N대리는 "저렇게 소리 지를 게 뻔한데 내가 어떻게 미리 말해…"라며 팀장을 원망했다.

직장 생활을 하다 보면 문제의 객관적인 본질을 파악하지 못하고, 주관적인 감정에 휘둘리는 일이 의외로 많다. N대리는 단지 평소 관계가 좋지 않은 상사와 대면하기 싫다는 이유에서 자신의 과오가 아닌 일로 거센 비난을 받은 것이다.

업체에서 발생한 문제로 직원들이 감당해야 할 불편과 회사가 입게 될 피해보다는 자신의 두려운 감정을 우선시했기 때문이다. 근본적인 문제는 납품 지연이 아니라 발생 상황에 대한 보고 누락이었다. 상사가 사전에 이러한 상황을 알았더라면 업체와 어떻게든 문제 해결을 위해 업무 조율을 시도했을 것이고, 어쩌면 큰 문제없이 납품이 마무리됐을지도 모른다.

많은 직장인들이 실수를 보고할 때 상사와 대면해야 하는 부담을 느낀다. 그렇기 때문에 보고를 누락하거나 보고가 늦어지는 경우가 생긴다. 이런 상황은 앞서 나온 권한을 넘어버린 L대리나 보고를 차일피일 미루던 M주임과는 또 다른 문제를 야기할 수 있다.

어차피 맞아야 할 매인데, 단 한 대도 맞기 싫다면 회사를 그만두는 수밖에 없다. 부딪히지 않고서는 절대로 해결책을 찾을 수 없다는 말이다.

상사의 성격이 너무 불같아서 업무에 대한 문제나 자신의 실수를 보고하는 것이 두렵다면, 이메일로 선 보고를 하는 것도 방법이다. 상사가 바쁘거나 자리에 없는 틈을 이용하는 것이 좋다. '팀장님께서 바쁘신 것 같아서' 혹은 '자리에 안 계셔서'라는 말로 우회할 수 있다. 혹은 모두가 퇴근한 늦은 시간에 이메일을 보내거나 주말 등을 이용해 상황을 알리는 것도 전략이 될 수 있다.

이메일을 통해 자초지종을 설명하고, 책임감을 보여주는 차원에서 대안이나 해결 방안도 간략하게 첨부하는 것이 좋다. 핑계와 변명은 철저하게 털어내고 객관적으로 설명해야 한다. 이메일 보고는 상사가 혼자 생각할 시간을 주기 때문에 상사가 눈앞에서 '욱'하는 상황을 피할 수 있다. 그렇지만 얼굴을 마주하고 질책당하는 것은 반드시 감수해야 할 몫이다.

"어떤 고통이나 비극을 겪고 있다면 그것은 어떤 좋은 것을 얻을 수 있는 기회이기도 합니다. 그것은 우리가 원했던 것일 수도 있고 다른 것일 수도 있지만 위기의 나날이 끝나면 우리는 더 강하고 현명한 사람이 될 것이고 자신의 본 모습을 찾게 될 것입니다"라고 작가 맥사인 슈널Maxine Schnall이 말했다.

직장에서의 시련은 강해지기 위한 훈련 과정이다. 잠깐하고 때려

치울 직장 생활이 아니라면 분명 좋은 기회가 될 수 있음을 명심하고 어려움과 고통에 맞서서 반드시 승리하라.

시련을 겪을수록 단단해진다

정호승 시인은 이렇게 말했다.

"새들은 바람이 가장 강하게 부는 날 집을 짓는다. 강한 바람에도 견딜 수 있는 튼튼한 집을 짓기 위해서다. 태풍이 불어와도 나뭇가지가 꺾였으면 꺾였지 새들의 집이 부서지지 않는 것은 바로 그런 까닭이다. 바람이 강하게 부는 날 지은 집은 강한 바람에도 무너지지 않지만, 바람이 불지 않은 날 지은 집은 약한 바람에도 허물어져 버린다."

직장 생활도 둥지를 트는 일과 비슷하다. 얼마나 견고하게 만들어 가느냐에 따라 버틸 수 있는 기간이 달라진다. 잠깐 머물다 떠날 생각이면 대충 집을 지을 것이고, 끝까지 머물고자 한다면 결코 아무렇게나 짓지 않을 것이다. 견고한 둥지에는 책임과 의무가 담겨있을 것이고, 인간관계에 대한 배려와 진실한 마음도 담겨있을 것이다. 또한 남

다른 순발력과 센스도 함께 자리하고 있을 것이다.

하지만 대부분의 직장인들은 둥지를 준비하는 과정에 서툴고, 심혈을 기울이지도 않는다. 내가 얼마나 둥지에 머무를지에 대한 확신이 없고, 둥지의 중요성에 대해서도 잘 모른다. 준비된 둥지는 시련이 닥쳐와도 쉽게 무너지지 않는다는 것을 아직 깨닫지 못하고 있다.

꾸준히 그리고 전략적으로 나만의 튼튼한 둥지를 만들어 나가야 한다. 입지가 탄탄해질수록 직장에서 기약 없이 밀려오는 시련에 쉽게 낙담하지 않을 것이다. 직장에서의 시련은 강해지기 위한 학습이고, 더욱 견고한 둥지를 트는 과정이다.

끔찍한 실수를 저지르고 떨고 있다면

•

상사의 권한을 대행하지 마라.
상사는 실수나 과실보다 권한을 넘어서는 행동에 더욱 분노한다.

•

골든타임을 놓치지 마라.
보고는 빠를수록 좋다. 할까 말까 망설이지 말고 무조건 하는 것이 최선이다.

•

감정은 접고 대책을 찾아라.
직장 생활에서 위기는 대처하는 방법에 따라 기회가 될 수도 있다.

"보고서 다시 써와!"

함께 일하고 싶은 동료 1위

"자네는 참 센스가 있어."

"이번 일에서 자네의 센스를 유감없이 발휘하게."

"그는 센스 있게 일을 잘 처리해 팀장에게 신임을 얻고 있지."

이처럼 '센스'가 들어간 말은 참 훈훈하고 듣기 좋다. 센스는 탁월한 감각이나 판단력, 눈치, 분별력 등과 비슷한 맥락으로 사용된다. 센스와 환상 궁합을 자랑하는 순발력까지 겸비한다면 직장 생활은 한 층 더 빛이 날 것이다.

센스는 직장 생활을 위해 반드시 필요한 중요 요소로 자리 잡고 있다. 함께 일하고 싶은 동료 유형을 묻는 질문에 직장인들은 '센스와 눈치가 있는 동료'를 '업무 능력이 있는 동료'보다 선호했다. 또한 '인기 직원 유형'을 묻는 설문 조사에서는 '센스 있는 스타일'이 1위로 꼽혔다.

이처럼 직장인들은 센스에 집착하고 센스를 재능의 한 부분으로 판단하기도 한다. 물론 이러한 감각은 직장 생활에서 분명 도움이 된다. 어떤 면에서건 센스는 없는 것보다는 늘 장착하고 있는 것이 훨씬 유리하다.

요즘처럼 빠르게 돌아가는 세상에서 직장인들은 웬만한 눈치는 겸비하고 사회에 뛰어드는 경우가 많다. 사회에서뿐만 아니라 학교, 가정에서도 센스는 이미 중요한 요소이기 때문이다. 그러니 사회 생활에 있어서는 한 단계 업그레이드된 준비자세가 필요하다.

바로 스마트한 직장인으로 가는 첫 걸음인 '업무 센스'를 익히고 적극 활용하는 것이다. 일단 익히기만 하면 상사에게 사랑받는 것은 물론 직장 내 엘리트 부대의 일원으로 자리매김하는 것도 시간 문제다.

직장에서 다양한 방법으로 상사에게 좋은 이미지를 심어줄 수 있지만, 가장 효과적인 것은 바로 업무 처리에 대한 탁월함이다. 힌

번 상사의 눈에 든 센스 만점, 스마트한 이미지는 웬만해서는 쉽게 지워지지 않는다. 그리고 당신이 그 상태로 훌륭하게 성장해 상사가 되었을 때도 누군가에 의해 당신의 스마트함은 분명 회자될 것이다.

기승전결을 뒤집어라

40쪽에 가까운 PPT를 팀장에게 보고하는 O대리. 많은 분량의 보고서를 주말 내내 작업해 뿌듯한 마음으로 팀장에게 들이밀고 브리핑을 시작했다. 3~4분쯤 지났을까. 팀장의 첫 마디는 "그래서 요점이 뭔데?"였다. 당황한 O대리는 보고서를 후다닥 맨 뒷장으로 넘겨 결론부터 읽었다. 회의가 있다며 일어나는 팀장의 마지막 말은 "O대리는 PPT는 참 잘 만들어"였다.

고생은 고생대로 했는데, 자신의 예상과 다른 상사의 뜻밖의 반응에 서운했던 적이 있을 것이다. 직장에서는 오랜 시간을 들여 열심히만 하는 것이 그다지 중요하지 않다. 투자한 시간보다는 얼마나 가치 있는 무엇을 했는가가 더 중요하다.

가치 없는 일을 열심히 한다고 해서 회사가 인정해주지 않는다.

또한 중요하지 않은 일을 많이 그리고 오래도록 했다고 해서 그 일이 가치있어 지지도 않는다. 치열한 경쟁 사회에서는 더 적게 일하고 더 많은 것을 얻어내는 효율적인 방법을 터득해야 한다.

"하지 않아도 될 일을 효율적으로 하는 것만큼 쓸모없는 일은 없다"라고 피터 드러커Peter Drucker가 말했다. 애초에 하지 않아도 되는 일을 열심히 하는 것은 무의미한 짓이니 반드시 해야 할 일만 효율적으로 하라는 의미다.

직장인에게 효율적인 업무 처리 방법 중 하나가 바로 두괄식 보고다. O대리처럼 무조건 시간과 열정만 쏟는다고 훌륭한 보고서가 되는 것이 아니다. 특히 많은 분량의 보고서를 설명할 때는 더욱 특별한 보고의 기술이 필요하다. 자신이 열심히 준비한 만큼 가장 효율적으로 보고하는 것이 핵심이다.

현대카드는 제로 PPT 캠페인을 벌여 자료를 화려하게 만드느라 낭비하는 시간을 없애고 구두, 이메일, 워드를 이용해 핵심만 신속하게 보고할 수 있도록 했다. 이런 식으로 만든 보고서는 중언부언하는 내용을 쏙 빼고 담백하게 핵심적인 결론만을 남긴다.

대부분의 직장인들이 O대리처럼 자신이 고생한 과정을 어필하고 준비한 내용을 조금이라도 더 보여주고 싶어 한다. 하지만 항상 바쁜 상사는 모든 보고에서 과정이 아닌 결론을 더 궁금해 한다

산전수전, 공중전, 해상전까지 다 겪은 상사는 결론만 듣고도 웬만하면 상황을 파악할 수 있다. 그러니 괜한 시간 끌 필요 없이 결론부터 말하라. 그리고 상사가 궁금해하는 부분에 대해서만 세부적으로 설명하고 피드백을 받으면 된다.

중언부언하는 보고를 좋아할 상사는 아무도 없다. 두괄식으로 결론을 강조하고 보고를 시작하라. 그리고 팀장의 성향을 잘 파악해서 당신의 보고 스킬을 수정 보완하면서 상사에게 맞춰나가라. 상사는 말귀를 잘 알아듣고, 자신에게 잘 맞춰주는 직원에게 일단 후한 점수를 준다.

목적이 사라진 보고서

중견 기업에 다니는 마케팅팀 P사원은 업무 보고 중 팀장에게 또 깨지고 있다.

"너는 내가 몇 번을 말하니? 보고서 한 번 읽어보고 오기는 하니?"

갑자기 팀장은 다른 사원을 불러 지난 번 작성한 보고서를 가져오라고 했다. 그 보고서를 P사원에게 던지며 "이거 보고 똑같이 내용만 바꿔서 다시 만들어와"라고 윽박질렀다.

일을 시작하기에 앞서 '이 업무의 목적은 무엇인가?'에 대한 고민을 마친 후 업무를 시작하는 사람이 얼마나 될까? 이론적으로는 내가 맡은 업무에 대한 핵심 파악과 정확한 이해가 선행되어야 하는 것이 맞다. 하지만 늘 시간에 쫓기며 일하는 직장인에게 이러한 과정은 사치로 느껴질 뿐이다.

그런데 이 과정은 곧 상사의 니즈와 연결되는 단계이기 때문에 반드시 짚고 넘어가야 불필요한 시간을 줄일 수 있다. 이를 위해서는 늘 회사가 돌아가는 전반적인 상황에 예의주시하고, 평소 상사가 하는 말, 지시 등을 경청하며 상사의 니즈를 파악하도록 신경 써야 한다. 그래야 늘 2퍼센트 부족한 상사의 업무 지시에 나만의 센스를 더할 수 있는 역량이 생기는 것이다. 누구나 겪어봤듯이 상사는 똑 부러지게 업무를 지시하지 않는다. "한 번 해봐"라는 말이면 모든 게 끝난다. 이런 상황에서 명확한 판단 없이 "한 번 해보고 수정하지, 뭐"라는 생각은 시간 낭비, 인력 낭비, 에너지 낭비다.

상사의 업무 지시를 정확하게 이해하고, 업무에 대해 명확한 파악이 이뤄진 후 업무를 진행하면 완성도 높은 보고서가 만들어질 것이다. 그렇지만 완성된 결과에만 만족해서는 안 된다. 보고를 하기 전 선행되어야 할 행동 수칙이 있다. 바로 상사가 되는 것이다.

한 번은 팀장이 이런 말을 했다. "품의서건 보고서건 들이밀기 전에, 단 몇 분이라도 윗사람 입장에서 읽어보고, 확신이 들면 가져와" 라는 조언이었다.

보고서 작성에만 연연하지 말고, 상사의 입장에서 보고서에 대해, 그리고 업무에 대해 제대로 파악하라는 말이었다. 스스로 완벽하다고 만족했던 보고서도 상사의 입장이 되어 꼼꼼하게 읽어 내려가다 보면 고쳐야 할 곳이 꽤 발견된다. '팀장이 되는 과정'을 거치다 보면 실제로 수정 보완해야 할 부분이 많이 줄어들게 된다.

업무 파악을 통해 보고의 목적을 분명하게 잡았다면, 그 다음으로 보고의 명료함에 대해 생각해보는 것이 바람직하다. P사원의 팀장이 원하는 문서는 간단명료한 문서였지만, P사원은 장황하게 문장을 늘어놓는 것을 고수했다. 국문학과 출신이라 소설을 쓰냐는 핀잔을 들어도 바뀌지 않았다. 결국 다른 문서를 몇 번 베끼고 난 후에 보고서에 대한 감을 익히기 시작했다.

보고서를 쓰는 사람들은 조금이라도 유식해보이기 위해 애쓰지만 읽는 사람 입장에서 잘 썼다는 보고서는 간단명료한 문서다. 짧은 글로 구성된 간결한 보고서가 눈에 쉽게 들어오기 때문에 아무리 긴 보고서라도 각 페이지는 간결하게 구성해야 한다. 가장 좋은 방법은 보고할 내용이 많아도 전체 내용을 A4 한 장으로 요약해서 첨부하는 것이다.

이 순간만큼은 직급을 넘나들어야 발전할 수 있다. 항상 상사의 입장이 되어, 그 위의 상사에게 내가 보고한다는 생각으로 내용을 파악하고 자료를 만드는 것이 좋다.

다시 한번 강조하지만, 일을 시작할 때는 목적을 분명히 하고, 보고 전에는 반드시 상사의 입장이 되어서 처음부터 꼼꼼하게 리뷰하는 습관을 기르자. 몇 번 비슷한 과정을 거치면서 자연스럽게 스마트한 직장인으로서의 입지를 굳힐 수 있을 것이다.

'글쎄요, 잘 모르겠는데요'

6년간 한 부서에서 근무하다 전혀 다른 부서로 옮긴 R대리는 하루하루가 살얼음판이다. 업무에 대해 잘 모를뿐더러 분야가 달라 자신의 의견에 대한 확신이 없기 때문이다. 불같은 성격의 팀장은 매 번 이렇게 말한다. "왜 항상 이런 식으로 일을 하는지 모르겠네. 기획팀에 업무 요청했어? 마케팅팀에 전달한 건은? 안 주면 찾아가서라도 받아오란 말이야!"

R대리는 팀장을 독대하는 자체가 지옥이다. 사실 주변에서는 팀장의 질책이 업무에 대한 반응이지, R대리에 대한 감정이 아니라

는 사실을 알고 있다. 그런데 R대리는 팀장이 자신을 싫어한다고 믿고 있다.

눈에 띄고 싶고, 자꾸 말을 하고 싶은 회의 시간이 있는 반면 숨고만 싶고, 가슴이 콩닥콩닥 뛰는 회의 시간도 있다. 이유는 바로 자신감의 차이다. 차이는 회의 준비를 얼마나 철저하게 했느냐, 그렇지 않느냐의 차이로도 구분될 수 있다.

지즉위진간知卽爲眞看이라는 한자 성어가 있다. '아는 만큼 보이기 때문에 더 많이 보기 위해서 더욱 배움에 정진하라'는 뜻이다. 회의 시간이건 어떤 자리에서건 아는 것이 많으면 당연히 말이 많이 튀어나오고, 아는 것이 적으면 발언이 줄어들게 된다. 아는 것이 곧 자신감으로 나타나는 것이다.

상사와 업무 관련 대화를 하거나 보고를 할 때도 마찬가지다. 자신이 맡은 업무에 대해 그 누구보다 정확하고, 많이 아는 것만큼 중요한 것은 없다. 그래야 상사와의 대화든 보고든 자신감이 생기고, 상사의 어떤 질문에도 당황하지 않고 침착하게 대처할 수 있다.

상사의 무차별 공격에 대응하기 위해서는 언제나 전투와 방어를 위한 준비가 필요하다. 우선 보고의 내용을 정확하게 파악함은 물론, 면접을 준비할 때 예상 질문을 뽑듯 상사로부터 어떤 질문이 나올지 미리 추측하고 대비해야 한다. 답변을 철저하게 마련하면 예상 질문이 적중하지 않더라도 응용할 수 있는 기본 태세를 갖출 수 있다.

신입 시절 팀장이 "몇 가지만 물어보면 견적 딱 나와"라는 말을 한 적이 있다. 직원들이 본인의 업무에 대해서 정확하게 파악하고 있는지, 그저 기한에 맞춰 페이퍼 작업에만 신경 쓰고 있는지 다 알 수 있다는 말이었다.

초년생 시절에는 시야가 좁기 때문에 보고 그 자체가 목적이 되는 경우가 많다. 그래서 그렇게 상사 앞에만 서면 작아지는 것이다. 또한 모르는 부분을 물어볼까봐 매번 노심초사하기도 한다.

그런데 시간이 흐르면서 진급도 하고 시행착오를 겪다보면 초조함보다는 여유가 생기고, 나무보다는 숲을 볼 줄 아는 지혜가 더해진다. 그러면서 업무 처리 능력을 비롯해 자신감도 충전된다.

하지만 자신감은 시간이 저절로 가져다주는 것도, 누구에게나 주어지는 것도 아니다. 끊임없는 노력과 실천의 산물이고, 자신이 맡은 업무에 대한 애정의 표출이다. 늘 철저하게 공부하고 준비해야 된다는 말이다. 그래야 직장에서 좀 더 당당할 수 있고, 상사 앞에도 자신감 있게 설 수 있다.

자신감 있는 모습은 말하는 습관에서도 나타난다. 간혹 보고를 할 때 '그런것 같습니다'라는 불명확한 답변을 자주 내놓는 동료들이 있다. 두루뭉술한 답변은 상대에게 신뢰를 주지 못하고 준비가 덜 된 느낌을 남긴다. 자신이 맡은 업무에 대한 질문에는 늘 명확하게 답변하라. 간혹 미처 준비되지 않은 지적에 대해서는 '잘 모르겠습니다'라는 말로 얼버무리지 말고, '바로 확인해서 말씀드리겠습니다'라고 답하는 게 좋다.

매사에 자신감 있게 행동하면 정신 또한 자신감 있게 반응한다고 한다. 그래서 어른들이 항상 어깨를 쫙 펴라는 잔소리를 하는 것이다. 당당함과 자신감 바로 스마트한 직장인이 반드시 갖추어야 할 필수 요소가 아닐 수 없다.

열심히 하는 사람보다는 '잘하는 사람'

고등학생 시절 급훈이 '결과보다 과정을'이었다. 지금 생각해보면 너무나 순수한 급훈이다. 시대가 바뀌었다. 유행하는 격언조차 시대 지향적으로 변하고 있다. 결과보다는 과정이 중요하다는 말을 자주 접하며 자라왔지만, 지금의 현실에서는 과정보다 결과가 우선이다.

행유부득반구저기行有不得反求諸己라고 했다. 행동을 통해서 바라는 결과를 얻지 못했더라도 자기 자신을 돌아보고 원인을 탐색해야 한다는 말이다. 즉 열심히 했더라도 좋은 결과를 내지 못했으면 반드시 그 원인을 찾아야지 과정에 만족해서는 안 된다는 조언이다.

그렇다. 우리는 '열심히 했으니까 됐어'라는 위로만으로 결코 만족하지 못하는 시대에 살고 있다. TV나 영화에서 보여지는 천재들의 모습에 누구나 한 번쯤 경외심을 느끼고 부러움에 사로잡혀본 경험이 있을 것이다. 직장에서도 남과 다른 한 가지를 더 가진, 그래서 어디서나 돋보이는 동료들 곁에서 남몰래 부러움과 질투를 동시에 느껴본 적도 있을 것이다.

그런데 우리가 이런 부류의 사람들에게 가져야 할 것은 그들이 가진 능력이나 실력에 대한 부러움이 아니다. 《1만 시간의 재발견》은 타고난 천재란 없다고 말한다. 어떤 분야에서 두각을 나타내기 위해서는 상상할 수 없을 만큼 힘든 과정을 거쳐야 한다는 것이다. 그러니 우리는 타인의 능력에 대한 감탄보다는 그들이 경쟁력을 보유하기 위해 쏟은 이면의 시간, 노력과 땀부터 볼줄 알아야 한다.

그들처럼 탁월한 모습을 갖추고 싶다면 변화를 위한 준비를 하라. 변화는 도전이고 노력의 산물이다. 직장 생활을 하면서 겪는 수많은 시련과 실패를 통해 좌절감을 맛보더라도 더 나은 모습을 갖추기 위해 극복하고 변화하는 과정을 반복해야 성장할 수 있다.

어려운 상황을 어떻게 받아들이느냐에 따라 직장 생활의 판도는 달라진다. 부러움 또는 좌절에서 끝난다면 직장 생활도 그저 그렇게 비극적으로 끝날 것이고, 땀과 노력으로 버텨낸다면 경쟁력을 갖춘 단단한 직장인으로 진화해나갈 수 있다.

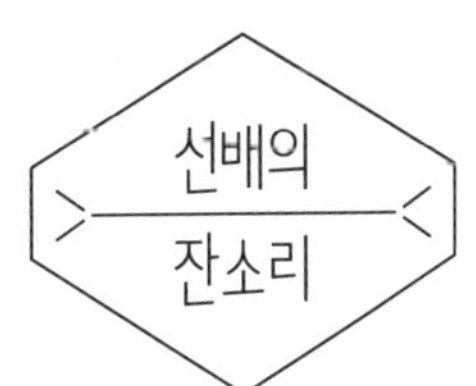

다가오는 보고가 매번 두렵다면

•

두괄식을 과감하게 선보여라.
상사는 자신의 바쁜 시간을 빼앗지 않는 기특한 보고를 기대한다.

•

감히 직급을 넘나들어라.
보고의 목적을 반드시 확인하고, 상사가 되어 보고서를 검토해야 한다.

•

예상 질문을 준비하라.
만일 예상치 못한 질문이 들어와도 우물쭈물 말고 '확인해서 말씀드리겠다'고 당당하게 응수하라.

chapter. 4

작은 습관이
10년 후 인생 판도를
바꾼다

나는 왜
거절이 어려울까

예의 바른 거절이 무례한 승낙보다 낫다

직장 생활 중 처리해야 할 업무의 양은 정해져 있지 않다. 상사의 지시가 떨어지면 본인 업무 외에도 부가적인 일을 맡아야 하는 경우가 부지기수다. 상사가 지시하거나 부탁하는 경우라면 대부분 누구나 큰 불만 없이 받아들이고는 한다.

그런데 이와는 달리 동료로부터 수시로 비슷한 요청을 받는다면 어떨까? 물론 몇 번은 동료애를 십분 발휘해 도와줄 수 있다. 그러나 이런 일이 반복적으로 일어난다면? 하루하루가 바쁘고 급박한 직장인에게는 큰 스트레스가 아닐 수 없다.

동료의 부탁을 적당히 쳐내고 알아서 거절할 줄 아는 '능력'을 갖춘 사람들에게는 더 이상의 귀찮은 일이 들어오지 않는다. 문제는 바로 착한 아이 증후군에 시달리는 직장인들이다. 착한 아이 증후군 good boy syndrome은 어른이 되어서도 자신의 감정을 솔직히 표현하지 못하고, 타인에게 착한 사람으로 남기 위해 욕구나 소망을 억압하면서 지나치게 노력하는 것을 이른다.

착한 아이 증후군에 걸린 사람들에게는 특징이 있다. 그들은 화가 나거나 짜증이 치솟더라도 자신의 감정을 겉으로 드러내지 않는다. 또한 사람들과의 갈등을 피하기 위해 부탁을 거절하지 못하고, 싫어하는 티를 내지도 못한다. 그뿐만 아니라 다른 사람의 일을 먼저 해결해주기 위해 자신의 일을 미루기도 한다.

이런 동료들은 주변에 분명히 존재한다. 가끔 서로의 업무를 도와주는 것이 좋은 일이라지만, 항상 호의를 베풀며 남들의 말은 바를 거드는 당신은 주위에서 '호구'로 찍힐 수도 있다. 그러니 적당히 거절하는 습관도 직장인들에게는 반드시 필요한 능력이다.

취업포털 커리어가 직장인들을 대상으로 '평소에 거절을 요령 있게 잘 하는 편인가'라는 주제의 설문 조사를 진행한 결과, 직장인 68퍼센트가 '거절하기 힘들다'고 답했다. '꼭 거절해야 할 때 어떤 방법을 사용하는가'라는 질문에는 '핑계거리를 만든다 42퍼센트' '똑 부러지게 거절한다29퍼센트' 등의 답변이 이어졌다.

이렇게 거절한 뒤에는 과반수의 직장인들이 '미안한 마음에 어색해진다'고 털어놓았다. 많은 이들이 반드시 자기가 해야 하는 일이 아닌 경우에도 동료의 부탁을 쉽게 거절하지 못해 전전긍긍하거나, 거절하더라도 미안한 마음을 품는 것이다.

직장에서는 누구나 똑같이 바쁘고 할 일도 많기 때문에 거절을 무조건 '무례'로 받아들여서는 안 된다. 그렇다고 언제나 '노No!'만을 외친다면 상대의 기분이 쉽게 상할 것이다. 그래서 단호하지만 서로 기분 상하지 않게 하는 '매너 있는 거절법'을 익혀야 한다.

"예의 바른 거절이 무례한 승낙보다 낫다"는 프랑스 속담이 있다. 가장 좋은 상황은 거절이라는 단어에 서로가 불편해지지 않도록 처음부터 부탁을 주고받지 않는 것이지만, 여의치 않은 상황이라면 오가는 배려 속에서 요청과 거절이 원활하게 순환되도록 해야 한다.

거절은 상대에 대한 무시가 아니다

K대리는 내일 있을 '경영 실적 분석 보고회'를 준비하느라 정신이 없다. 보통은 후배가 함께 도와주지만 때마침 조모상을 당해 휴

가 중이었다. 그래서 보고회 전날 2년 선배인 L대리에게 도움을 청했다. "대리님, 혹시 오후에 바쁜 일 있으세요? 시간이 좀 되시면…"이라며 말이 끝나기도 전에 L대리는 "네? 저 좀 바쁜데요"라고 단호하게 답했다. 바쁘다는 말 뒤에 "무슨 일인데요?"라는 형식적 질문이라도 덧붙일 법한데, 애초부터 남의 일에는 관심 없다는 듯이 돌아서는 태도에 K대리는 기분이 상했다.

누군가에게 무엇을 부탁하기 전에 상당히 고민을 많이 하는 편이다. 거절당하는 것도 물론 싫지만, 상대에게 괜한 불편과 부담을 주는 것이 아닐까 하는 생각에서다. 그런데 막상 부탁의 말을 꺼내보면 의외로 어려운 일을 시원하게 도와주겠다는 동료가 있는 반면, 거절할 것이라고 생각하지도 못했던 일을 단칼에 잘라 서운함을 느끼게 하는 경우도 있었다.

아쉬운 말을 꺼내는 것 자체가 쉽지 않은 일이기 때문에 거절당하는 것을 좋아하는 사람은 아무도 없다. 그래서 아무리 도울 수 없는 상황이라도 너무 성급하게 직접적으로 뜻을 표현해서는 안 된다. 사소한 점으로 상대와의 관계가 틀어질 수도 있고, 이기적인 인간이라는 새로운 타이틀을 하나 추가할 수도 있다.

그러니 무슨 부탁이든, 어떠한 말이든 일단 상대를 존중하는 의미에서 끝까지 들어주는 자세가 필요하다. 어차피 거절할 일이라고 해서 말도 다 들을 이유가 없다고 생각하는 것은 그릇된 발상이다. 어렵게 입을 연 동료는 민망함을 느낄 것이고, 무시당했다고 여길 수도 있다.

핵심은 상대를 충분히 존중하고 있다는 사실을 전하는 데 있다. 상대의 이야기를 듣고 난 후에는 자신의 상황과 입장을 명확하게 설명하고, 미안한 마음을 담아 완곡하게 거절하는 것이 좋다. 경청을 바탕으로 한 용기 있는 거절은 인간관계에 있어 완충제 역할을 한다.

거절의 부작용은 상대에게 실망한 나머지 그 사람을 야박하다고 생각하고 반감을 품는 것이 아니다. 사람들이 실제로 불쾌하게 여기는 것은 거절 자체가 아닌 상대의 태도다. '너만 바쁘냐'는 듯한 무례한 태도, 중간에 말을 끊어 버리거나 상대를 바라보지도 않고 거절하는 등의 행동을 주의해야 한다.

상대도 쉽게 꺼내는 부탁이 아니라는 점을 기억하라. 어렵사리 꺼낸 말을 무례하게 거절당하면 그 민망함은 순식간에 불쾌한 감정으로 변할 수 있다. 무조건 거절을 일삼으라는 뜻이 아니다. 자신의 업무에서 가장 중요하고 우선순위가 높은 일들에 지장을 주면서까지 남을 도울 필요는 없다는 이야기다.

우선순위는 나의 업무에 있다

"대리님, 오후에 마케팅 리포트 마무리 좀 도와주시면 안 될까요?" M대리는 예전에 이 업무를 담당했던 N대리에게 조심스러운 부탁을 건넸다. "도와드리고 싶은데요… 오늘까지 설문 조사 마치고, 내일까지 분석해서 문서로 써야 해서요. 보고 준비하느라 좀 바쁜데, 어쩌죠?" 리서치 업무를 담당했던 N대리는 다음 날 "지금 보고 끝났는데, 도와드릴 일 있어요?"라는 메모를 보냈다.

동료에게 부탁을 거절당해도 기분이 나쁘지 않을 때가 있다. 이유는 상대방의 거절 이유에 공감했기 때문이다. 이같이 상대의 이해를 이끌어내는 가장 좋은 방법은 바로 본인이 담당하고 있는 중요하고 급한 업무에 대한 어필이다.

직장인으로의 삶은 매 순간이 선택의 연속이다. 거절을 주도적으로 선택하지 못하면 직장에서 주체적인 생활을 할 수 없게 된다. 실제로 내 업무가 바쁜 상황에서 거절을 하지 못해 매주 금요일 밤 상사의 온라인 강의 시험을 대신 봐주고, 동료의 부탁을 뿌리치지 못해 주말까지 회사에 출근하고, 내 업무가 아닌 일로 야근을 하면서 신세 한탄을 늘어놓기도 했다. 지금 와서 생각해보면 거절할 수 있는 용기가 없었고, 내 업무에 대한 책임감이 부족했기 때문이라는 생각이 든다.

N대리는 M대리의 업무를 도와주기 싫어서 핑계를 댄 것이 아니라 자기가 맡은 업무에 대한 책임감을 표현했을 뿐이다. 당장 처리해야 할 중요한 일이 있다는 사실을 상대에게 알리고, 다른 사람 못지않게 바쁘다는 점을 분명하게 밝혔다. 바쁜 시기에 부탁을 받았을 때는 이처럼 조금 구체적으로 상황을 설명하고 거절하는 것도 방법이다.

직장인은 자신이 맡은 업무에 우선순위를 둬야 한다. 당연한 것이지 핑계가 아니다. '당장 급한 일도 아닌데, 내일 해도 될 것 같은데…'라는 자기기만으로 스스로를 피곤하게 만들 필요가 없다.

거절을 무조건 나쁜 행동으로 인식하는 습관부터 고쳐야 한다. 지금 동료의 부탁을 거절한다고 해서 '나중에 내 부탁도 거절당하지는 않을까' '상대가 앙심을 품는 것은 아닐까'라는 쓸데없는 생각은 과감히 버리자. 자신의 업무에 대한 책임감을 기반으로 한 적당한 거절은 무례가 아닌 센스로 받아들여져야 한다.

동료의 부탁을 받는 순간, 마음속으로는 수도 없이 '할까, 말까'에 대한 고민을 하고는 마지못해 어떤 대답이든 내놓는다. 이런 순간적인 망설임을 해결하기 위해서는 스스로가 자신의 업무에 관해 중심

축을 잡고 있어야 한다. 그래야 망설이지 않고 현명하게 대답할 수 있는 지혜가 생긴다. 나에게 있어 중요한 우선순위를 정하고 이에 따라 실천하는 습관을 들이는 것이 중요하다.

어떤 결정이든지, 그 결정에 대한 답변은 스스로 찾아야 한다. 중요한 일을 목전에 두고는 엉뚱한 업무에 '제가 하죠'라는 말을 던지는 무모함을 저지르지 말자. '내 일'보다 중요하지 않은 부탁은 '내 일'을 위해 소신 있게 거절하자.

거절하면 사이가 반드시 불편해질까

"대리님, 내일 팸투어 준비 때문에 일이 너무 많은데… 사업장별 물품의뢰서 취합 좀 같이 해주시면 안 될까요?"라는 부탁을 받은 O대리는 평소 무뚝뚝함의 대명사로 불리는 사람답게 "저도 바빠요. 야근해야 될 것 같습니다"라며 단호하게 대답했다. 서운함을 달래며 정신없이 일하고 있는데, 갑자기 P대리가 다가와 "뭐 도와줘?"라고 물었다. O대리가 시간이 되면 나를 도와줄 수 있느냐고 물었다는 설명을 덧붙이며…. P대리는 출장을 다녀와 피곤할 텐데 기꺼이 나를 거들었고, O대리의 보이지 않는 배려에도 감동했다.

정말 도와주고 싶은데 상황이 어렵다면 이처럼 다른 방법으로 성의를 표현하는 것도 현명한 기술이다. 평소 마당발인 O대리는 자신의 동창이자 후배인 P대리에게 나를 위한 부탁을 한 것이다. O대리가 괜히 거절하지 않았다는 것은 알고 있었지만 평소 모습으로는 예상하지 못했던 의외의 모습에 놀랐다.

당장 귀찮은 상황을 모면하려는 핑계는 결국 자신의 신뢰도만 깎아내리기 마련이다. 하지만 상대의 기분을 상하지 않게 하는 거절에는 진심 어린 마음과 배려가 숨어 있다. 진심은 누구에게도 통하게 되어 있고, 단순한 변명에서 거절한 것이 아님을 상대는 느낄 수 있다. 배려를 동반한 진실한 거절은 '거절하는 사람'을 '진심 어린 사람'으로 바꿔주는 효과가 있다.

《예언자》의 저자 칼릴 지브란Kahlil Gibran은 "미모의 아름다움은 눈만 즐겁게 하나, 상냥한 태도는 영혼을 매료시킨다. 부드러움과 친절은 나약함과 절망의 징후들이 아니고 힘과 결단력의 표현이다"라고 했다. 중요한 것은 태도임을 되새겨주는 말이다.

거절을 하든 승낙을 하든, 상대가 어떻게 느끼건 간에 칭찬은 베푸는 것 그 자체로 의미가 있다. 거절을 하더라도 올바른 태도를 갖추면 진심이 전달될 가능성이 커진다.

다시 말해서 상황이 여의치 않을 때는 신중히 있게 거절하되, 상대를 배려하는 태도를 추가하면 된다. 그러면 나의 마음을 불편하지 않게 전달할 수 있다. '대접받으려면 먼저 상대를 배려하라'는 격언이 있다. 꼭 대가를 바라고 의도를 담아 상대를 도와야 한다는 뜻이 아니다. 나를 대하듯 남을 대하면 상냥한 태도를 유지할 수 있다는 충고다.

직장에서 스스로를 컨트롤하지 못하면 이리 치이고 저리 치이며 괴로움에 시달릴 수 있다. 게다가 괜한 동정과 미안함, 무분별한 배려 등으로 손해를 보기도 한다. 좀 더 냉정한 상황 판단을 위해 어느 정도의 침착한 마음은 직장 생활의 필수품이다. 엄밀히 말하면 스스로에게 냉정한 것이지, 상대는 느끼지 못할지도 모른다.

이기심은 인간의 본성

프리드리히 니체Friedrich Nietzsche는 "이기주의란 고귀한 영혼의 본질에 속한다"고 말하며 인간의 이기심을 긍정했다. 또한 "자기 보존의 욕구는 미덕의 첫 번째이자, 유일한 토대이다"라고 했다. 인간인 이상 자기를 먼저 생각하는 태도는 자연스러운 것이며, 오히려 자신의 욕구를 억누르고 타인을 먼저 위하려는 태도가 위선이고 자기기만이라고 본 것이다.

사실 인간의 기본적인 욕구는 자기 자신을 위하는 것에서부터 시작한다. 아무리 겉으로 멋지게 포장한다고 해도 그 이면에는 자신을 위한 보이지 않는 이기적 의도가 숨어 있을 수 있다. 아니라고 주장하는 사람도 물론 있겠지만, 100퍼센트 부정하지는 못할 것이다.

'인간은 이기적이고 자신을 먼저 생각하는 동물이다.' 차라리 이렇게 인정하는 편이 직장 생활에서 상처를 덜 받는 방법이다. 나 또한 그런 인간의 하나일 뿐이며, 단지 표출 방식이 조금 다르다고 생각하는 쪽이 세상과 더불어 수월하게 사는 지혜라고 할 수 있다.

그러니 자신을 희생하면서까지 누군가를 위해 굳이 애쓰면서 스트레스 받을 필요 없다. 괜히 마음 여리다는 착각으로 자신을 혹사시키지는 말자. 그냥 자신의 이기심을 마음 편하게 드러내자. 이기심은 개개인을 유지하는 힘이 된다. 직장에서는 나의 마음이 편한 게 우선이다. 인간은 누구나 이기적이라는 니체의 통찰을 쉽게 잊지 말아라.

'굿보이 신드롬'에 시달리고 있다면

•

끝까지 들어주고 용기 있게 거절하라.
충분한 경청을 바탕으로 한 매너 있는 거절은 인간관계에서 완충제 역할을 한다.

•

본인 업무를 센스 있게 어필하라.
'내일'을 위한 '내 일'이 우선이라는 것을 잊어서는 안 된다.

•

상냥한 태도로 진심을 전하라.
가끔은 상대에게 배려라는 감동으로 진심이 담긴 태도를 보이는 것이 좋다.

미워하며 닮아가는 내 모습

상식이 통하지 않는 사람들

직장 생활을 하다 보면 쇼킹할 정도로 각양각색의 사람들을 많이 만나게 된다. 지극히 평범한 이들을 비롯해 동료를 위해 배려하는 사람, 희생에 익숙한 사람, 반면 다른 사람에게 자꾸 민폐만 끼치는 사람, 남 일에 관심 없는 사람, 그리고 누구나 인정하는 대표적인 악질 정도로 분류가 될 것이다.

이런 사람들은 다시 나와 잘 맞는 사람과 그렇지 않은 사람으로 구분되기도 한다. 알게 모르게 직장인들은 너도나도 아군과 적군을 나눈다. 그리고 적군을 통해 받는 스트레스를 아군을 통해 해소하며 힘겨운 인간관계를 풀어나가려고 애쓴다.

10여년 넘게 직장 생활을 하면서 안팎으로 참 다양한 사람들을 접해왔다. 128색 크레파스만큼 다채로운 빛깔의 사람들을 겪으면서 '과연 내 모습은 다른 이에게 어떻게 비춰질까?'라는 생각을 하게 되었다. 물론 '저 사람을 롤모델로 삼고 싶다'거나 '나는 절대 저러지 말아야지'라는 깨달음을 얻기도 했다.

상상만으로도 머리가 쭈뼛거리는 동료와 생활하며 도대체 어떻게 대처해야 할지 감을 잡지 못해 힘들었던 경험은 누구에게나 있을 것이다. 조울증에 걸린 듯한 상사를 마주하면서 진땀 빼다 보면 자연스럽게 같은 처지인 동료들과 단합해 쉴 새 없이 험담을 나누기도 한다.

그런데 시간이 지나면서 이상한 일들이 펼쳐진다. 상사를 지독하게 욕하던 사람이 가랑비에 옷 젖듯 서서히 '리틀 상사'의 모습을 갖춰간다는 것이다. 상상만으로도 끔찍한 일이지만, 실제로 줏대가 없고 생각의 깊이가 얕은 사람들은 의외로 주변인의 좋지 않은 면을 쉽게 흡수해버리는 경향이 있다. 과거에는 이 사람 저 사람 붙잡고 상사를 욕하기 위해 출근하나 싶었던 동료가 직급이 올라가면서 '어쩜 하는 짓이 자기 윗사람이랑 저리도 똑같냐'는 이야기를 하게 만들기도 한다.

"누군가를 미워하면 우리의 무의식은 그 사람을 닮아가요. 마치 며느리가 못된 시어머니 욕하면서도 세월이 지나면 그 시어머니 꼭 닮아가듯. 미워하면 그 대상을 마음 안에 넣어두기 때문에 내 마음 안의 그가 곧 내가 됩니다. 그러니 그를 내 마음의 방에 장기 투숙시키지 마시고 빨리 용서한 다음 바로 쫓아내버리세요."

혜민 스님의 《멈추면, 비로소 보이는 것들》에 실려 있는 글이다. 직장에서는 용서보다 중요한 것이 타산지석他山之石의 깨달음이 아닐까 싶다. 남의 결점을 나의 수양에 이용하고자 하는 자세야 말로 스트레스를 최소화하고, 인간관계의 어려움을 극복하는 효과적인 방법이 될 것이다.

직장에는 상식 밖 그리고 상상 밖의 인물들이 알다시피 정말 많다. 그런 사람들이 내 상사고 동료고 선후배다. 일반적인 경우와 다른 성향을 가진 동료들을 만나게 되면, 사람들은 그들을 꺼리거나 피하거나 혹은 남몰래 비정상이라며 빈정거리기 바쁘다. 하지만 흉본다고 달라질 것 없고, 피한다고 관계가 해결되는 것도 아니다. 혜민 스님이 말했듯 용서하고 마음에서 쫓아버리든지, 그들의 모습을 반면교사反面教師와 타산지석他山之石으로 삼을지는 본인의 몫이다.

막말은 입으로 행하는 '폭력'

국내 여행사 일본팀 Q대리는 팀장의 히스테리를 견디지 못하고 이직을 결심했다. 지독한 스트레스와 싸우면서 회사를 옮길 준비를 하던 어느 날, 다른 회사에 합격했다는 소식을 조심스레 팀장에게 전할 수 있게 되었다. 인수인계하고 업무를 마무리한 뒤 나가겠다는 Q대리의 말에 팀장은 분노를 참지 못하고 "R주임한테 당장 전부 인수인계하고 이번 주까지만 나와!"라며 소리쳤다.

어디에든 사이코패스 같은 상사와 막말의 대가는 있기 마련이다. 이런 상사를 만나느냐, 혹은 만났어도 내가 타깃이 되느냐 하는 점이 직장인들에게는 매우 중요하다. 또한 얼마나 내성을 가지고 버티며 그 스트레스를 털어낼 수 있는지에 따라 직장 생활의 질이 달라진다.

Q대리가 그만두고 R주임이 팀장의 다음 타깃이 되었다. 팀장은 며칠 뒤 R주임을 불러 "업무 인수인계 다 받았어? 앞으로 Q대리 업무는 R주임이 다 해야 돼"라고 말했다. 입사 9년 차 선배의 모든 업무를 떠안게 된 R주임은 부담스러웠지만 '많이 배우고 발전해나갈 수 있는 기회'라고 생각하며 받아들였다. "네, 열심히 하겠습니다. 그

런데 잘할 수 있을지 많이 부담스럽습니다"라고 대답했다. 그런데 팀장의 답변은 상상초월이었다. "못하겠으면 너도 관둬!"였다.

"아버지가 일찍 돌아가셔서 근본이 없어."

"너 유학 갔다 와서 한글 모르니?"

"이것도 모르면 나가 죽어야지."

"여기서 이러고 있지 말고 나가서 장사나 해."

"너 몇 살이야? 그래서 뭐 어쩌라고?"

직장 생활을 하다 보면 이처럼 험한 말들이 여기저기서 자연스럽게 돌아다닌다. 호통과 막말은 기본이고, 가끔은 욕설이 난무하기도 한다. 듣고 있자면 미간에 내 천(川)자가 저절로 그려질 만큼 당황스러운 경우도 많다.

부적절한 언행을 습관적으로 일삼아 직장에서 나쁜 평가를 받는 것만큼 자신의 가치를 급격하게 하락시키는 방법이 또 있을까. 꽃도 향기가 제각각이듯 사람에게도 그 사람만의 향기인 말투가 있다. 말은 곧 인격이고 품성이다. 말을 참아서 후회하는 경우보다는 말을 내뱉고 후회했던 경험이 훨씬 더 많을 것이다. 상대방을 무시하고 예의 없는 언행을 마구 저지르는 사람들은 학력과 능력, 직위와 직급을 떠나 선불리 내뱉는 말 한마디, 행동 하나로 주변의 혹독한 평가를 쓸어 모으고는 한다.

직장인을 대상으로 벌인 어느 조사에서 언어폭력은 '상대방의 언어 습관' 때문이라는 답변이 호응을 얻었다. 상대방과 친밀도를 높인다는 핑계로 상대의 좋지 않은 언어 습관을 따라하지 마라. 반복은 습관을 부르고, 나쁜 습관은 더욱 빨리 물드는 법이다. 언어폭력의 피해자에서 가해자로 변해가지 않도록 말에서 늘 아름다운 향기를 풍겨라.

조언을 빙자한 참견

S차장은 한가할 때마다 이 팀, 저 팀 돌아다니면서 시어머니처럼 남의 업무에 사사건건 참견하는 것으로 유명하다. 디자인실에 와서 디자이너의 모니터를 보고는 "이건 이렇게 하면 어때? 저건 좀 별론데…"라는 말을 던진다. 한번은 다른 팀에 소속된 후배들의 회의에 끼어들어 "예전에 내가 다 해봤던 거야. 그런 건 저렇게 해야지"라며 참견하기 바쁘다. 그런데 S차장은 자기가 후배들을 위해 업무를 봐주고 코칭까지 해주는 좋은 선배라고 생각한다.

학교 다닐 때는 공부 잘하냐는 질문을 듣고는 한다. 졸업하고 나니 취직 언제 하냐, 나이 서른 넘으니 결혼해야 한다는 말이 나온다. 결혼하면 끝인 줄 알았거늘 빨리 아이 낳으라고 성화다. 아들 낳으면 딸이 있어야 좋다고, 딸 낳으면 아들 있어야 든든하다고 한다. 남매를 낳으면 해결될까? 남매는 커서 남이 되니 하나 더 낳아서 형제자매 만들어주라고 난리다. 그래서 자식을 셋 낳으면 사는 게 힘들어서 어쩌냐고 호들갑이다. 이와 비슷한 내용의 글이 한때 SNS에 떠돌며 많은 이의 공감을 얻었다.

가끔 열심히 일하는 와중에 뒤통수가 뚫릴 것 같은 느낌이 들 때가 있다. 뒤를 돌아보면 누군가 내 모니터를 빤히 쳐다보고 있다. 지나가던 중 눈이 마주치면 다가가 참견하고, 가만히 남의 대화를 엿듣다가 기어코 한마디를 던져야 직성이 풀리는 사람들이다.

이처럼 주변인들의 일거수일투족에 모두 끼어드는 사람들은 업무에 있어 사사건건 참견하는 것을 넘어 사적인 일에까지 그 범위를 넓혀간다. S차장처럼 본인은 관심과 배려를 표현했을 뿐이라고 생각하지만 사람들은 선배의 조언이라기보다는 남 일에 대한 참견과 오지랖이라고 여길 것이다.

참견은 본인과 딱히 관계없는 일이나 대화에 끼어들어 불필요하게 아는 체하거나 훈수를 두는 것이다. 한번 조인은 깨우칠 수 있도록 도움을 주는 말이다. 도움을 주고자 하는 진심 어린 마음이 상대에게 전달되지 않으면 그것은 그저 참견이고 잔소리며 쓸데없는 오지랖이다. 조언은 본인이 직접 도움을 요청했을 때 주고받는 것이어야 한다. 전혀 필요하지 않을 때 날아오는 잔소리는 조언의 탈을 쓴 참견일 뿐이다.

불필요한 관심을 환영하는 사람 없고, 남의 일에 이래라저래라 참견하는 사람은 어디에 가서도 환영받지 못한다. 나이 많은 사람, 직급 높은 사람이 하는 말은 무조건 조언이라는 착각도 버려야 한다. 가끔씩 '솔직히 말해서'라는 표현으로 포장된 참견도 거북하기는 마찬가지다.

올바른 조언에는 강요하는 듯한 느낌이 없어야 한다. 결정은 오롯이 상대의 몫으로 남겨두어야 그 사람을 존중하는 조언이라 할 수 있다. '다 너 잘되라고, 너를 위해서'라며 조언을 빙자한 참견을 하는 것은 지양하는 편이 좋다.

신학 저술가 토마스 아담스Thomas Adams는 "다른 사람을 바꾸려면 스스로 먼저 바뀌어야 한다. 이 세상이 나아지지 않는 이유는 한 가지 때문이다. 서로가 서로를 변화시키려고만 할 뿐 자신은 변화하려고 들지 않기 때문이다"라고 말했다. 조언은 관심이고 참견은 불필요한 습관이다. '너나 잘하세요'라는 핀잔 듣고 싶지 않다면 괜히 회사에서 남의 일에 간섭하지 말고 본인 일에나 충실하자. 괜한 말은 별 영양가 없는 참견으로 여겨질 테니까.

감정 기복 다스리기

평소 활발한 성격으로 팀의 분위기 메이커 역할을 하는 T대리는 가끔씩 다른 사람으로 돌변해 주변 동료들을 적잖게 당황시키고는 한다. 오랜만에 T대리의 생일을 축하하러 모인 회식 자리에서 T대리는 남자 친구와 '카톡'을 열심히 주고받으며 싸우고 있다. 급기야 전화로 남자 친구와 한바탕 한 후로는 내내 미간을 찌푸린 채로 말을 걸어도 무표정, 건배를 해도 건성이다.

요즘에는 상사들만 자신의 감정을 있는 그대로 드러내는 것이 아니다. '인간은 감정의 동물이다'고 외친 철학자 바뤼흐 스피노자 Baruch de Spinoza의 말을 그대로 실천하는 사람들이 의외로 많다.

유독 T대리처럼 감정 기복이 심한 사람들이 이에 속한다. 평소에는 아무 문제없이 잘 지내다가 기분 나쁜 일이 생기면 재빨리 얼굴에 자신의 트레이드마크인 '화난 표정'을 그려 넣는다. 본인은 그저 솔직한 감정 표현이고 습관적인 행동이라고 생각할지도 모르겠지만, 주변 사람들에게는 불편한 모습이다.

상사에게 깨졌든, 남자 친구와 싸웠든 간에 자신의 기분에 따라 표정이나 말투, 행동이 수시로 달라지지 않도록 주의해야 한다. 감정을 제어하지 못하는 모습이 자주 목격되면 상사에게도 좋은 인상을 남길 수 없다. 중요한 것은 평상시 일관성을 유지하는 태도다. 업무를 진행할 때나 평소 생활에 있어 큰 감정 기복이 없는 일관된 모습을 보이면 타인에게 인간적 매력을 풍기게 된다.

간혹 상사의 기분이 좋지 않을 때 결재 서류를 들이밀었다가 후회했다는 이야기들이 있다. 상사가 저기압일 때는 보고를 피하고, 적당히 기분이 좋을 때 결재를 받으라는 팁 아닌 팁이 떠돌기도 한다. 이는 보고의 기술이 아니라 상사의 잘못된 행동 패턴일 뿐이다. 상사도 사람인지라 업무보다 개인적 감정이 앞설 수 있다. 하지만 감정 조절이 잘 되지 않을 경우에는 보고자를 돌려보내고 시간을 두어야지, 무조건 화풀이 대상으로 삼으면 안 된다.

물론 상사에게만 해당되는 사항이 아니다. 간혹 동료에게 업무 협조 요청을 하러갔다가 의외의 대접에 난처했던 적이 있을 것이다. 평소 살갑게 대하던 사람이 갑자기 쌀쌀한 태도를 보이면 아무래도 당황하게 된다.

다시 한번 말하지만, 직장에서는 자신의 감정을 제어할 줄 아는 기술이 필요하다. 이는 감정 노동자가 자신의 감정을 솔직히 표현하지 못해 스트레스를 받는 것과는 다른 상황이다. 내부 직원끼리 사적인 감정으로 업무 그리고 인간관계에 지장을 주지 말라는 뜻이다.

물론 직장 생활에서는 실력이 최고의 무기가 되지만, 감정 표현의 서투름이 최고의 무기를 무기력하게 만들 수도 있다. 직장에서 가장 큰 매력은 적당한 실력과 함께 공존하는 인간적인 모습이다. 이는 효력이 오래가는 장점이고, 남들에게 좋은 기운을 풍기는 역할을 담당한다.

'난 솔직한 게 매력이야'라는 핑계를 대며 불필요한 감정을 수시로 드러내지 말고, 늘 한결같은 모습으로 동료들이 언제나 다가서기에 부담 없는 사람이 되기 위해 노력하라.

대접받기를 원한다면 먼저 대접하라

직장에서 막말을 내뱉고, 섣부른 참견을 일삼고, 감정 기복을 있는 그대로 드러내는 것. 이 모든 행동은 진정한 인간관계가 확립되지 못했으며 서로 존중할 줄 모르기 때문에 발생하는 문세다. 존중받기 위해서 내가 취해야 하는 일은 의외로 간단하다.

> "상대방을 미소 짓게 하려면 먼저 미소를 지으십시오. 관심을 끌고 싶으면 그들에게 먼저 관심을 보이십시오. 칭찬을 듣고 싶으면 먼저 칭찬하십시오. 그들을 화나게 만들고 싶으면 당신이 먼저 화를 내십시오. 그들에게 욕을 먹고 싶으면 먼저 욕을 하십시오. 그들에게 맞고 싶으면 먼저 때리십시오."

'존경받는 인격을 갖추려면 어떻게 해야 할까?'에 대한 윈스턴 처칠Winston Churchill의 현명한 답변이다. 존경과 존중을 받는 방법은 이처럼 단순하다. 주변 사람들과 좋은 관계를 맺고 싶으면 먼저 다가가 그들을 그렇게 대하면 된다. 사람들은 당신이 자신에게 하는 만큼 당신을 대할 것이고, 이런 상호적인 관계는 친밀한 인간관계의 시작점이 된다.

그러니 '남이 먼저 대접해주면 나도 대접해주겠어'라는 자존심 섞인 발상은 버리자. 먼저 다가가 진정한 관계 구축을 시도하기 바란다. 내가 동료들의 행동을 하나하나 관찰하면서 다양한 감정을 느끼듯 그들도 나의 행동을 통해 나를 판단하고 평가한다. 중요한 것은 당신 혹은 동료들의 행동이 옳고 그른지 결론짓는 것이 아니다.

남들과 다름을 이해하고 그들과의 차이를 존중하기 위해 노력하는 것이다. 그래야 상대도 당신에 대한 마음의 빗장을 풀어낼 수 있다. 그리고 서로 동등하게 존중하는 입장에 설 수 있게 된다. 그래야 비로소 진정한 관계가 형성되고, 인격적인 존중이 자리 잡아 상식 이하의 언행을 자제하게 될 것이다.

절대 '꼰대'만큼은 되고 싶지 않다면

•

막말을 일삼지 마라.
말은 곧 인격이고 품성이다. 섣부른 한 마디가 자신의 가치를 하락시킨다.

•

참견과 조언을 구분하라.
조언은 관심이지만, 괜한 참견은 '꼰대'로 분류되는 지름길이다.

•

감정 기복의 폭을 최소화하라.
서투르게 감정을 드러내면 자신의 장점조차 무기력해질 수 있다.

무엇으로도 치유되지 않는 경쟁에 대한 불안

언제 퇴출당할지 모른다는 공포

직장인들을 대상으로 실시한 설문 조사에서 '퇴사 압박을 받은 경험이 있는지'에 대한 질문에 약 83퍼센트가 '있다'고 답했으며, 10명 중 7명은 '평소 회사로부터 퇴출당할 수 있다는 불안감을 느끼며 직장 생활을 한다'고 응답했다. 또 다른 설문 조사에서는 직장인의 약 50퍼센트가 최근 일주일 이내에 불안감을 경험한 적이 있다고 전하기도 했다. 직장인들은 특히 '수립한 계획이나 절차대로 일이 진행되지 않을 때' 가장 큰 불안감을 느끼는 것으로 나타났다.

이처럼 하루하루 살얼음판 위를 걷는 심정으로 사는 직장인이 많이 있다. 요즘에는 경기 불황으로 기업 경영 환경이 악화되면서 퇴사 연령의 구분이 없어진 것에 의한 영향도 크다고 볼 수 있다.

각박한 상황에 놓인 직장인들은 어쩔 수 없이 치열한 경쟁 관계 속에 놓이게 되고, 각자도생各自圖生해야 하는 상황에 내몰리고 있다. 그렇기 때문에 남들보다 조금은 더 잘 나야 생존 경쟁에서 앞서나갈 수 있다는 불안감을 떠안고 살아간다. 이런 마음은 냉철한 세상에 맞서기 위한 준비, 그리고 자가발전하기 위한 자극이 될지도 모르지만 과도한 욕심과 집착으로 이어질 경우에는 직장 생활을 척박하게 만들고 극도의 불안감과 스트레스를 유발하는 원인이 된다.

하면 할수록 어려운 게 직장 생활이다. 신입 사원 때는 동기들과 입사를 자축하고, 새로운 일들을 배우며 즐기기에 여념이 없다. 그런데 진급을 거듭하며 연차가 쌓이니 점차 마음가짐이 달라진다. 팀에서 존재감을 드러내야 하고 회사에 기여해야 한다는 생각, 상사에게 잘 보여야 한다는 부담감에 머리와 마음이 무겁다.

불편한 생각들은 언제 잘릴지 모른다는 불안감으로 변질된다. 성과에 과도하게 집착하기 시작하고, 상사의 인정에 목말라 한다. 긍정적인 자극은 분명히 발전에 도움되지만, 불안감과 스트레스로 점철된 집착은 괴로움만을 촉발한다.

"속도보다 중요한 것은 방향입니다. 늦어서 실패하는 사람이 있고, 너무 빨라서 일을 망치는 사람도 있습니다. 속도에는 욕심이 있습니다. 가장 중요한 것은 방향입니다. 방향이 있는 삶, 목적이 이끄는 삶, 절제가 있는 삶에는 실패가 없습니다."

하용조 목사님의 말이다. 초조함에서 비롯되는 집착과 욕심, 불안감을 극복하는 방법은 자신의 삶에서 중심과 방향성을 잃지 않는 것이다. 누구에게나 평탄할 수만은 없는 것이 직장 생활이고 인생이다. 괜한 불안감에 휩싸여 집착과 자괴감으로 괴로워하지만 말고 현재 상황에서 탈출구를 찾기 위해 노력하는 것이 생존을 위한 슬기로운 방법이다.

나의 부족함을 털어놓기

승진 명단에서 누락된 W대리는 진급 심사에 불만을 품고 매일 분통을 터뜨리기 바빴다. 동기들 보기 창피해서 회사 생활을 할 수 없다며 이직이라도 해야겠다고 말했다. 얼마 뒤 회식 자리에서 W대리가 기어코 팀장에게 서운한 마음을 털어놨다. 팀장은 다음 날

W대리를 불렀다. 꼼꼼한 성격의 팀장은 W대리의 업무 강점, 약점에서부터 근태, 보고 습관, 실적, 동료들이나 다른 부서에서 받은 평가 등 모든 것을 상세하게 전해줬다. 팀원 중 W대리만큼 적나라한 평가를 받은 사람은 없었다. 하지만 가장 애정 어린 조언이기도 했다. 자신의 부족한 점을 깨달은 W대리는 다음 해 과장으로 진급해 팀의 에이스로 활약하고 있다.

주변을 둘러보면 스스로를 주관적으로 평가하며 불평불만만 달고 사는 이들이 많다. 이는 능력을 인정받지 못한다는 착각, 일한 만큼의 대가를 받지 못하고 있다는 착각, 팀장이 나만 차별한다는 착각 등으로 이어진다. 이러한 이유 때문에 성과 내기가 힘들다며 한탄하기에 여념이 없다.

이 모든 문제들은 객관적인 자기 평가가 부족해서 발생하는 것이다. 사람은 누구나 자신에게는 특별한 면죄부를 주며 관대해지기 마련이다. 하지만 직장이라는 조직에서 살아남기 위해서는 자신의 능력에 대한 진솔하고 명확한 판단이 우선적으로 이뤄져야 한다.

W대리는 "팀장이랑은 말이 안 통해. 분명 또 못 알아들을 거야"라며 보고를 차일피일 미루는 습관이 있었다. 늘 임박해서 결과를 들이밀었고, 탐탁지 못한 피드백을 받고 매번 분노했다. 사실 W대리

가 보고를 미루던 이유는 따로 있었다. 6년 동안 기획 업무만을 맡아 왔는데, 갑자기 홍보팀으로 발령이 난 것이다. 새로운 업무에 자신이 없었고 후배들 앞에서 보고서에 대한 평가를 적나라하게 듣는 것이 두려웠다.

이처럼 자신의 업무 능력이 부족한 것을 숨기려는 사람들이 있다. 이는 손바닥으로 하늘을 가리려는 것과 다를 바 없는 처사다. 상사는 업무를 한두 번 보고받고, 질문만 몇 개 던져보면 부하 직원의 능력치가 어느 정도인지 파악할 수 있다.

당장 능력과 실력으로 맞설 수 없다면 일단은 듬직한 태도로 돌파하는 자세가 필요하다. 성과와 평가에 대한 집착보다는 노력과 성실성을 각인시키는 것이 우선이다. 성과는 오늘의 노력이 한 땀 한 땀 쌓여 나타나는 미래의 결과다. 어느 누구에게 핑계 돌릴 수 있는 것도 아니고, 운이 좋고 나쁨이 절대적으로 작용하는 영역도 아니다. 누가 더 꾸준하고 적극으로 달려왔느냐에 달려있다. 괜한 집착으로 거머쥘 수 있는 결과가 아니다.

업무에 어려움을 느끼거나, 성과가 잘 나지 않거나, 목표를 잡기 어렵고 이로 인해 누군가에게 평가받는 것이 두렵다면 상사나 선배에게 조언을 구하는 것이 바람직하다. 부족한 점이 무엇인지, 강점은 무엇인지, 팀에서 혹은 회사에서 나에게 기대하는 것은 무엇인지, 그리고 얼마만큼의 목표를 설정하고 실행하면 될지 등 무수히 많은 궁금증이 있을 것이다.

많은 직장인들이 속으로는 비슷한 고민을 안고 살아간다. 그러면서도 고민을 쉽게 입 밖으로 내뱉을 수 없는 이유는 나의 부족함을 드러내는 게 두렵기 때문이다. 그런데 자신에 대한 평가는 타인의 눈을 통해 이뤄질 때 가장 정확하게 이뤄질 수 있다.

단순히 자신의 부족한 면이 드러나게 될까봐, 그리고 순간적인 좌절감에 기분이 상할까봐 피하지만 말고 자신에 대한 보다 정확한 분석을 통해 문제점은 보완해야 한다. 강점은 더욱 강화해나가자. 조용히, 가만히, 묵묵히 시간의 흐름에 모든 것을 내던지고 멍하니 있다보면 결국 별 볼 일 없는 사람이 되고 만다.

회사라는 열차에서 나의 위치는 어디일까

중소기업에 다니는 X과장은 전날 술자리에서 인사팀장과 형님, 아우 하기로 했다며 거들먹거렸다. 얼마 뒤 X과장이 다른 팀으로 발령 났다. 그는 그동안 인사팀장뿐만 아니라 주변 팀장들과 쌓아놓은 인맥 덕분이라고 여겼다. 드디어 자신의 진가를 인정받아 훨씬 좋은 팀으로 가게 됐다고 자랑했다. 그런데 X과장은 몇 개월 못 가 또 다른 팀으로 옮기기를 반복하다 결국 회사를 그만뒀다.

직장에는 알게 모르게 주류와 비주류가 존재한다. 스스로의 입지를 과시하듯 허리를 꼿꼿하게 세우고 다니는 사람이 있는가 하면, 티를 내지 않아도 주위에서 당연한 듯 인정하는 사람이 있다. 능력이 탁월하다는 평가 속에서도 겸손함을 잃지 않고 갈 길만을 걷는 사람도 있다. 한편 작은 칭찬이라도 듣고 싶어 과도하게 애쓰는 사람이 있고, 아무런 존재감 없이 자기 자리만 지키는 조용한 사람도 있다.

X과장은 늘 자신이 능력을 인정받지 못한다는 불만을 가지고 있었다. 사실 평소 행실에 문제가 있어 팀에서는 입지가 좋지 않았다. 그래서 틈만 나면 다른 팀 팀장들과 어울리며 어설픈 로비를 펼쳤고 더 좋은 자리에서 실력을 발휘하고 싶다는 말을 달고 살았다.

그 결과 팀은 옮길 수 있었지만 여전히 문제는 남아 있었다. 업무적인 면에서 능력이 부족해 후배들을 부리고는 실적을 가로채는 등 좋지 못한 행동을 일삼은 것이다. 친했던 상사에게도 만족스러운 평가를 받지 못했고, 이 팀 저 팀 전전하다 회사를 그만뒀다.

누군가로부터 인정받아야 한다는 생각에 치우치게 되면 평가에 지나치게 예민해지고 집착하게 된다. 특히 상사에게 칭찬받는 것만을 목표로 여기면 더욱 그렇다. 목표를 달성하려는 목적이 상사가 되면 곤란하다. 성과나 실적 같은 목표를 향해 달려갈 때 자기 자신이 아닌 타인을 주체로 삼게 되면 스스로 힘에 부칠 뿐만 아니라 직장 생활에 대한 의욕도 금세 시들어버린다.

나 자신에게 만족스러운 결과를 얻는 것, 한 번 저지른 실수를 반복하지 않는 것 그리고 제자리걸음을 하지 않는 것 등을 목표로 삼아야 발전할 수 있다. 그래야 매사에 자신감 있게 움직일 수 있고 직장 생활에도 생기가 돈다. 이러한 과정을 거치면서 서서히 인정받는 방법을 터득하는 것이다.

직장에서는 매년 '인정 욕구'를 주제로 한 드라마가 펼쳐지는 시즌이 있다. 인사 평가 기간이다. 학교에서는 등수로 성적을 평가받지만, 회사에서는 S, A, B, C처럼 몇 가지 등급으로 성과를 평가받는다. 마치 영화 〈설국열차〉에서 머리칸과 꼬리칸을 나누는 것과 비슷하다고 볼 수 있다.

평가 등급에 따라 대우나 누릴 수 있는 혜택이 달라지기 때문에 누구나 머리칸에 승차하고 싶은 욕망을 가지고 있다. 하지만 승차 인원이 정해져 있어 누군가 그 자리에 탑승하면 다른 누군가는 꼬리칸으로 내려가야 하기에 인사 평가는 제로섬 게임이 된다. 직장인들은 매년 머리칸과 꼬리칸을 오가며 먼저 하차하지 않기 위해 고군분투하고 있다.

치열하고 살벌한 경쟁 사회에서 부단한 노력 없이는 머리칸의 승객이 될 수 없다. 부단한 노력만으로도 부족한 게 사실이다. 그런데 머리칸에 타지 못했다고, 승차할 가능성이 별로 없다고 해서 쉽게 좌절하거나 낙담할 필요는 없다. 설령 운이 좋아 앞자리에 올라탔다 해도 끊임없이 발을 구르지 않으면 자리를 지켜내기 어려운 것이 현실이다.

그렇다고 너무 조급하게 생각할 필요도 없다. 무소불위의 권력을 행사하던 사람이 하루아침에 형장의 이슬처럼 사라지기도 하듯이, 대표이사의 오른팔로 여겨지던 인재가 예고 없이 지방으로 발령 나기도 한다. 잘나가다 한순간에 나락으로 떨어지느니 서서히 두각을 나타내는 것이 롱런하는 방법이다.

직장 생활을 하다 보면 분명 누구에게나 기회는 주어진다. 그 기회를 잡든, 포기하고 다음 기회를 기다리든 그것은 오직 자신의 몫이다. 명심할 것은 준비가 되어 있지 않으면 기회를 잡을 수 없다는 것뿐이다.

무작정 버티는 게 능사는 아니다

해외에서 대학을 나온 Y과장은 국내 대기업 홍보팀에서 7년간 근무하다 해외기획팀으로 부서를 옮겼다. 한 부서에서 오래 근무하는 것이 경력 관리에 좋지 않다는 계산도 있었지만, 나름 핵심 부서로 불리는 곳에서 일해보고 싶었기 때문이다. 기획 관련 업무를 맡아본 적은 없지만 해외 대학에서 경영학을 전공했다는 점이 부서를 옮기는 데 한몫했다. 그런데 새로운 업무를 시작하면서 적응에 어려움이 느껴졌다. 부서 특성상 팀장이 과도하게 꼼꼼했고, 다른 팀원들에게 도움을 요청하기에는 각자 업무가 너무 바빴다. 과장 직급을 달고 일일이 물어보기도 힘들어 야근과 주말 출근을 일삼고 있다.

회사마다 다르겠지만 비서실, 인사부, 기획부, 개발부, 마케팅부는 직장 내 핵심 부서라고 할 수 있다. CEO가 아끼는 부서의 순서를 알아본 조사가 있었는데, 영업, 연구 개발, 재무 회계, 경영 기획, 전략 등의 순서로 결과가 나온 바 있다.

직업에 귀천이 없듯 부서에도 귀천이 없겠지만 개개인이 체감하는 부서에 대한 느낌은 분명 다를 것이다. 그래서 직장인들은 누구나 마음속으로 핵심 부서에서 회사의 중추적인 업무를 수행하며 반짝반짝 빛나고 싶어한다.

그렇지만 욕심만으로 꿈이 실현되는 것은 아니다. 전공이나 경력, 평가, 성격 등 많은 조건들이 어느 정도는 맞아떨어져야 한다. 의욕만 가지고 돌진한다 해도 몇 걸음 나아가기 힘든 게 현실이다.

Y과장이 옮긴 팀에는 이전부터 사적으로 친하게 지내던 차장이 있다. 하지만 맡은 업무가 달라 크게 도움받지 못했다. 또한 후배들에게 물어보는 것도 눈치가 보여 혼자 헤쳐 나가야 했다. 그러던 중 Y과장은 자신이 대리급보다도 실력 측면에서 부족하다는 것을 깨달았다. 결국 1년을 못 채우고 다른 기업 홍보팀으로 이직을 했다.

Y과장은 결국 자신이 잘할 수 있는 업무를 찾아서 떠났다. 이를 두고 적응 실패라고만 평할 수는 없다. 무작정 버티는 게 능사가 아니기 때문이다. 아마 Y과장이 경력에 맞는 실력을 발휘하지 못하고 그대로 버티고 있었더라면 회사가 먼저 조치를 취했을지도 모른다. Y과장은 자신의 주제를 빨리 파악했고, 그 다음 스텝을 신속하게 밟았다. 어영부영 지내다보면 저성과자가 되었을 것이고 자존감도 점차 떨어졌을 것이다.

아무리 노력해도 안 되는 것이 있는 법. 직장에서는 개인보다 회사를 먼저 생각해야 하기 때문에 이를 인정하는 자세가 중요하다. 회사는 개인이 시행착오를 겪으며 적응해나갈 만큼의 충분한 시간을 주지 않는다.

그런데도 자신이 좋은 성과를 낼 수 없는 자리를 고수하는 것은 외로운 자존심 싸움일 뿐이다. 할 수 있는 만큼 최선을 다했다면 알아서 퇴진하는 것도 훌륭한 방법이다. 이는 자신을 위한 일일뿐만 아니라, 팀을 위해 그리고 회사를 위해 내리는 속 깊은 결정이다. 상사 또는 인사팀에 자신의 상황을 잘 전달하고 나름의 대책을 마련할 수 있도록 준비하는 자세가 필요하다.

현재 몸담고 있는 부서에서 전혀 다른 성격의 부서로 옮기는 것은 이직을 하는 것만큼 심사숙고해야 할 일이다. 지금의 자리가 싫다고 해서 섣부르게 시도하면 안 된다. 먼발치에서 바라보던 팀의 이미지와 실제 소속된 이후 체감하는 온도는 천차만별이다. '직장일이 다 거기서 거기'라는 안일한 생각으로 발부터 들이밀고 보면 도망칠 수도, 무작정 버틸 수도 없는 진퇴양난의 상황에 직면하게 될지 모른다.

‘내려놓음’의 미학

각종 신조어들은 우리 사회의 직장인들이 어떤 시대를 살아가고 있는지 가늠할 수 있게 해준다. 큰 이슈를 불러일으켰던 ‘사축회사의 가축처럼 일하는 직장인’을 비롯해 ‘프로야근러밥 먹듯 야근하는 사람’ ‘쉼포족휴식을 포기한 사람’ ‘출근 휴가휴가 내고 회사에 나오는 현상’ 등의 표현들이 그러하다. 조기 퇴직이라는 슬픈 세태를 일컫는 ‘반퇴 세대’ 역시 팍팍한 세상을 견뎌내는 직장인들의 애환을 그대로 보여준다.

직장인들은 이처럼 냉혹한 현대 사회를 살면서 보장받을 수 없는 미래를 위해 아등바등 자신의 삶을 부여잡고 있다. 여유가 없어진 채로 힘겨운 인생을 부여잡고 있다 보면 작은 것에 집착하게 되고, 무언가를 잔뜩 그러쥔 손을 더욱 오므리게 된다. 과도한 집착은 불안감을 증폭시키고 내가 가지지 못한 것에 대한 상실감만 부추긴다.

“행복 뒤에는 슬픔이 있고, 슬픔 뒤에는 행복이 있다. 햇빛이 비치는 곳이면 어디든 그늘이 있고, 빛이 있는 곳이면 어두움이 있게 마련이다. 태어남이 있는 곳에 죽음이 있다. 이들을 이겨내는 길은 이들을 없애버리는 데 있는 것이 아니라, 이들을 뛰어넘고 집착으로부터 완전히 자유로워지는 데 있다.”

마하트마 간디Mahatma Gandhi의 말이다. 세상에는 행복과 슬픔이 공존한다. 직장 생활에도 괴로움과 어려움 그리고 기쁨과 보람이 함께 있다. 억지로 움켜쥐려 하지 않아도 이미 주머니 속에는 나만의 행복이 들어와 있는 법이다. 작은 고통과 괴로움을 넘어서지 못해 가끔씩 찾아오는 행복과 기쁨마저 어둠 속으로 밀어 넣어서는 안 된다.

'복세편살'이라는 신종 사자성어가 있다. '복잡한 세상, 편하게 살자'를 줄여 이르는 말이다. 네 음절의 단어 하나가 머금고 있는 의미는 굉장히 깊다. 과도한 욕심과 집착으로 위태로운 직장 생활을 더욱 피폐하게 만드는 우를 범하지 말자. 복세편살이라는 말을 되새기며 그 깊은 의미를 나만의 것으로 만들어보자. 약간의 '내려놓음'이 복잡한 인생의 미학이 될 수도 있음을 깨닫게 된다.

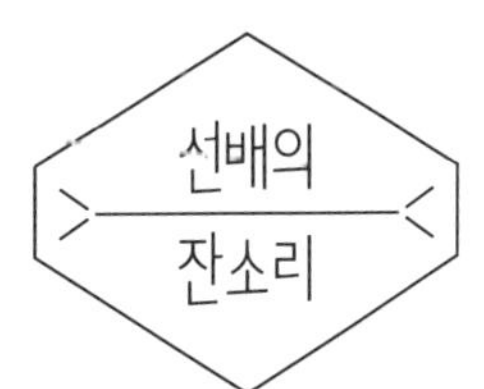

불안과 집착에서 벗어나고 싶다면

•

평가를 두려워하지 마라.
타인의 평가를 통해 부족한 부분은 채우고, 좌절은 빨리 털어내야 발전한다.

•

천천히 머리칸으로 이동하라.
언제나 제자리걸음하지 않는 것을 목표로 삼아야 머리칸에 오를 기회가 찾아온다.

•

허울에 집착하지 마라.
아무리 좋은 자리도 내 것이 아니라고 느껴진다면 빨리 포기하고 다음 스텝을 밟아야 한다.

생각 없이 뱉은 말이 나에게 되돌아오다

섣부른 판단이 부르는 오해

"대부분의 사람이 자신을 판단할 때와 남을 판단할 때, 완전히 다른 이중 잣대를 적용한다. 남을 판단할 때는 그의 '행동'을 기준으로 삼으며, 그 기준은 가혹하기 이를 데 없다. 반면에 자신을 판단할 때는 '의도'를 기준으로 삼는다. 우리가 잘못을 범하더라도 우리 의도가 훌륭했다면 쉽게 용서한다. 따라서 우리는 변화를 요구받을 때까지 실수와 용서를 반복한다."

작가 존 맥스웰John Maxwell의 말이다. 개개인의 행동과 의도는 그 자체로 인정받기 어려우며, 상황에 따라 적용되는 잣대로 주관적인 평가를 받게 된다. 그렇기 때문에 '의도 없는 순수한 행동'이라는 수식이 때로는 이율배반적 표현으로 여겨질 수도 있다. 아무런 사심 없이, 의도 없이 내뱉는 말이 있는 그대로 받아들여지지 않을 수도 있다는 것이다. 또한 상대에 대한 배려에서 시작된 언행에 악의적인 잣대가 적용되는 경우도 있을 것이고, 좋은 의도로 손을 내밀었다가 오히려 자신의 발목에 족쇄가 채워지는 일도 벌어질 수 있다.

직장 생활을 하다 보면 삼삼오오 모여 개인적 일이나 동료, 팀장, 회사에 대해 쑥덕거리는 모습을 흔히 보게 된다. 이런 자리에서 아무런 '의도 없이' 흘린 말들이 독이 되어 돌아오는 경우가 왕왕 있다. 또한 동료들과 담배 한 대 피우면서, 커피 한 잔 마시면서, 식사할 때 또는 술잔을 기울이며 무심결에 흘린 대화가 불행의 씨앗이 되기도 한다.

팀에서 발생하는 업무나 상사와의 갈등 문제를 직장 선후배 혹은 동료들에게 배설하듯 쏟아내는 것은 지뢰를 사방에 뿌리는 짓이나 마찬가지다. 더불어 SNS를 통해 응어리를 배출하듯 수시로 올리는 감정적인 글도 주의해야 한다.

이렇듯 사소한 행동들이 도화선이 되어 의도치 않게 손해를 보는 경우가 생겨난다. 전혀 예기치 못한 상황에서 선의의 피해를 입게 되었다고 하소연하기도 하지만 대부분 예고된 재앙이라고 볼 수 있다.

원인은 자신도 모르게 자꾸 분출해야 직성이 풀리는 몹쓸 습관에서 기인한다. 직장인들은 업무 능력 외에도 사소한 행동이나 태도, 말투, 습관 등으로 주변의 평가를 받으며 이미지를 구축한다. 한 번도 같이 일해본 적이 없는 사이지만 흡연 구역에서 자주 만나 대화를 나누면서 이미지를 심판받을 수도 있다. 점심 몇 번을 함께 하거나 저녁 술자리에 한두 번 동석하고는 '딱 보니까 견적 나오네'라는 말로 상대를 쉽게 판단하기도 한다.

나의 의도가 어찌되었든, 그 판단은 타인의 눈을 통해서 이뤄지는 경우가 많다. 그러니 의도 없이 혹은 좋은 의도로 행하는 습관적인 행동이 나도 모르게 나의 가치를 떨어뜨리고 있을 수도 있다.

차곡차곡 쌓여가는 오해와 불신의 불씨들이 결국에는 나에게 화를 입히고 씻을 수 없는 상처를 가져다준다. '기쁨은 나누면 배가 되고 슬픔은 나누면 반이 된다'는 말이 있다. 하지만 '쓸데없는 습관은 나누면 독이 된다'는 것을 늘 명심해야 한다.

좋은 말도 한두 번

Z대리는 회사에서 발생하는 모든 일을 여기저기 떠벌리기 바쁘다. 소소한 일들을 '고민'이라는 명분으로 포장해 동료들에게 쏟아 낸다. "팀장은 업무 지원을 잘 안 해주고 너무 윗선의 눈치만 봐" "마케팅팀은 업무 요청하면 매번 함흥차사고…" "후배라고 하나 있는 게 도움은 안 되고, 나만 일이 넘친다" "죽어라 일했는데 고작 B등급 받았네"라며 굳이 하지 않아도 될 시시콜콜한 고민을 사방팔방에 퍼뜨린다.

직장인들은 업무에 대한 압박으로 스트레스가 심할 때, 어긋나는 인간관계에 괴로울 때, 소외감을 느낄 때, 당장 회사를 그만두고 싶을 때 등 걷잡을 수 없이 괴로운 순간에 사로잡힐 때가 있다. 이런 상황을 혼자 감당하기 힘들다면 온라인을 통해 전문가에게 조언을 구하거나 상담을 받기도 한다. 심각한 경우에는 직접 심리 센터나 상담사를 찾는 일도 있다. 자신이 직면한 고민을 스스로 파악하고 해결하려는 노력은 치열한 경쟁에 내몰린 직장인들의 눈물겨운 발버둥이다.

그런데 이 같은 노력은 멀찌감치 미룬 채 모든 일을 입으로만 풀어내는 사람들이 있다. '고민도 슬픔처럼 나누면 반이 된다'는 생각을 가지고 있겠지만, 실제로는 고민을 가장한 불평불만 남발에 불과한 경우가 많다.

Z대리는 평소 일 잘하는 직원으로 평가받았지만, 한순간에 투덜거림이 충만한 직원으로 자리를 매겼다. 담배 한 대 피우면서 동료에게 쏟아낸 팀장에 대한 불만을 다른 팀 팀장이 듣고는 당사자인 팀장에게 '카더라'라는 말로 전했기 때문이다. 팀장은 회의 시간에 Z대리를 향해 언짢은 기분을 내비쳤다.

직장 생활을 하다 보면 크고 작은 난관에 부딪혀 허우적거릴 때가 있다. 묵묵히 헤쳐 나가는 사람이 있는가 하면 자신의 문제가 사상 최고의 고민인 듯 여기저기 떠벌리고 다니는 사람들도 있다. 실질적으로 누구 한 명에게 조언을 구하려는 목적이 아니라면 이러한 행동은 당장 멈추는 것이 좋다.

상습적인 고민 남발은 불평불만의 표출일 뿐이고, 이는 주변 동료들에게 한심한 하소연으로 비춰져 인심을 잃는 결과를 가져온다. 동료들은 서서히 '그래도 알아서 잘 하면서…'라고 하던 위로를 거두고, '능력이 그것밖에 안 되나?' '매번 똑같은 소리, 지겹다'라는 생각을 갖기에 이른다.

어떤 일을 하든 어떤 상황에 놓였든 결자해지해야 할 문제라면 여기저기 푸념만하지 말고 해결책을 찾기 위해 노력하는 편이 낫다. 괜한 불평불만으로 자신의 약점을 흘리고 다니지 마라. 주변 사람들에게 덕을 잃으면 직장 생활이 힘들어진다. 웬만하면 입은 다물고 머리로 고민하는 습관을 들여라.

습관처럼 입에 붙은 '죄송합니다'

A과장은 꿈에 그리던 부사수를 받았지만, 부사수인 B대리가 그리 탐탁지 않다. 이제 막 진급한 B대리는 꼼꼼하지 못해 실수가 많았다. 까칠한 A과장은 그럴 때마다 지적을 했고, B대리는 매일 '죄송합니다'라는 말을 달고 살았다. 그런데 B대리는 나아지지 않았다. 같은 실수와 같은 사과만 되풀이했다. 어느 날 A과장은 출장을 간 자리에서 "잘못한 걸 알면 고쳐야지. 맨날 대답만 하는 게 무슨 의미가 있어"라고 진지하게 충고했다. B대리는 눈물까지 흘리며 참회하는 듯했지만, 여전히 실수를 남발하고 '죄송합니다'를 외치며 면죄부를 구걸하고 있다.

주위를 보면 유독 '죄송합니다' '미안합니다' '잘못했습니다'를 습관적으로 내뱉는 사람들이 있다. 실제로 잘못을 저지르고 뉘우치는 말이라면 문제되지 않는다. 하지만 그저 껄끄러운 상황을 무마시키기 위한 수단으로 사용하는 말이라면 상황은 달라진다.

B대리의 경우가 그러하다. 자신의 잘못을 알지만 '죄송합니다'만을 연발하며 자신의 문제에는 크게 개의치 않고 있다. 똑같은 실수에 대해 반복적인 지적을 받는 것만큼 자신의 이미지를 깎아먹는 일도 없다.

회사에서는 잘못한 일에 대해서 반드시 짚고 넘어가는 게 인간관계나 평판 관리, 업무 효율성 측면에 있어서 현명한 방법이다. 사과는 자신이 잘못한 일을 인정하고 다시는 반복하지 않겠다는 다짐이기도 하지만, 궁극적으로는 상대의 오해를 풀어주는 데 가치가 있다.

그렇다고 무조건 상대에게 용서받는 것만을 목적으로 사과해서도, 일방적으로 본인 의사만 전달해서도 안 된다. 사과에도 때와 장소 그리고 전략이 있다. 단 한마디의 진실된 사과가 케케묵은 오해를 풀어주는 열쇠가 될 수도 있고, 삐딱한 사과 한마디가 불난 데 부채질하는 꼴을 만들 수도 있다.

잘못을 인정하는 것에는 늘 신중을 기해야 한다. 사과에 익숙한 사람들을 언뜻 보면 자신의 잘못을 시원하게 인정하고 받아들이는 사람으로 보인다. 그렇지만 이러한 언행을 습관적으로 반복하게 되면 결국은 B대리처럼 실수가 잦은 사람, 신중하지 못한 사람, 실수를 고치지 않는 무능한 사람으로 인식되는 수가 있다.

타인과의 관계에서 어긋난 일을 두고 무조건 '죄송하다'는 말로 매듭지으려는 태도는 곤란한 행동이다. 조건 반사적인 행동으로 사과를 한다 해도 진심 어린 마음은 전달할 수 없다. 먼저 상황을 자세히 파악한 후 잘못된 원인을 찾아내서 설명하고 바로 잡는 것이 우선이다. 사과는 발생한 사건에 대한 종결이 아니다. 오히려 올바른 관계의 시작이라고 볼 수 있다.

상사가 갑자기 윽박지르는 상황에서도 마찬가지다. 당황했다고 반사적으로 '죄송합니다'를 연발하지 말고 '확인해보겠습니다'를 먼저 외치고 진정한 과오가 밝혀졌을 때 사죄해도 늦지 않다. '뭘 잘못했는데?'부터 '그러니까 네가 안 되는 거야!'라는 온갖 수치스러운 소리를 다 듣고 난 후 상사의 착각이 불러일으킨 비극이라는 게 밝혀지면 너무 억울하다. 특히 상사는 무의미하고 애매모호한 '죄송합니다'보다는 명확한 해결 방안에 더 목말라 있다는 사실을 잊지 말자.

사과에도 '한 방'이 있어야 한다. 의미 없이 무한 반복되는 '사랑해'라는 고백에서 아무 감흥도 느낄 수 없듯, 습관적으로 꺼내는 '죄송합니다'라는 사과도 상대방에게는 무의미한 방언放言일뿐이다.

호의가 반복되면 권리인 줄 안다

목요일 오후 갑자기 임원의 업무 지시가 떨어졌다. 평소 우유부단한 팀장은 담당을 정하지 못하고 "누가 할래?"라는 말을 허공에 던졌다. 조용한 사무실이 더 적막해졌다. 배려의 아이콘 C대리가 나섰다. 내일 아침까지 자료를 찾아 정리하고, 오후에 보고를 하기로 했다. 그런데 자신의 급한 업무부터 처리하느라 다음 날 오전까지 팀장이 요청한 자료를 다 찾지 못했다. 팀장은 "애초부터 나서질 말던가! 시간도 없는데… 못한다고 했으면 다른 사람한테 시켰잖아"라며 격노했다.

직장 생활을 하다보면 간혹 업무 분장이 되지 않은 일들을 처리해야 할 때가 있다. 대부분의 사람들은 선뜻 나서기를 꺼려한다. 그런데 이럴 때 간혹 정의의 사도가 되어 "제가 하겠습니다"를 자청하는 동료가 있다. '난 우리 팀의 수호천사'라는 선량한 마음을 지닌 사람들이다.

그런데 '배려가 계속되면 권리인 줄 안다'는 말처럼 팀이나 회사를 위해 시작한 일이 점점 당연한 것으로 되어가는 경우가 생긴다. 이런 상황이 반복되다 보면 본인의 업무를 수행할 시간을 빼앗기게 된다.

C대리도 처음부터 나서지 않고 그 적막한 순간만 넘겼으면 됐다. 좋은 의도로 나섰다가 일은 일대로, 야근은 야근대로 하고는 팀원들 앞에서 괜한 망신만 당했다. 물론 팀장과는 관계가 서먹해졌고 말이다.

무조건 모든 일에 나 몰라라 뒷짐 지고 방관하라는 뜻이 아니다. 반드시 해야 되는 일인지, 안 해도 그만인 일인지 명확한 판단을 거친 후 나서라는 것이다. 좋은 의도로 동료를 도와주기 시작한 당신을 주변에서는 처음에 선량한 천사로 보겠지만, 나중이 되면 팀의 머슴쯤으로 여길 수도 있다.

혹자는 모든 일에 나서는 당신을 잘난 체나 아부의 아이콘으로 생각할 수도 있고, 매사에 튀려한다고 오해할 수도 있다. 너무 뛰어나 어쩔 수 없이 능력을 숨길 수 없을 때가 아니면 모든 일에 너무 도드라지지 않고, 치우침 없는 모습을 보여주는 것이 좋다.

막내라고, 아무도 나서지 않는다고, 상사에게 잘 보이고 싶다고 반드시 자질구레한 일들을 짊어지고 갈 필요는 없다. 모든 결정은 상사가 하게끔 둬라. 좋은 게 좋은 거라고 내가 조금 손해 보는 것이 맘 편하다고 생각했던 적도 있다. 그런데 결국은 정말 나만 손해였다. 나의 배려와 진심이 있는 그대로 전달되지 않는 경우가 많았다.

직장 생활을 하다 보면 냉정하게 생각해야 할 때가 분명 있다. 우선 자신을 먼저 생각하고 그 이후에 동료를 생각해도 늦지 않다. 조직은 스스로 생존하는 법을 터득하지 않으면 살아남을 수 없는 밀림 같은 곳이라는 점을 잊지 말자.

자신의 가치는 스스로 만들어야 한다

"자신의 가치는 다른 어떤 누군가가 아닌, 바로 자신이 정하는 것이다"라는 엘리너 루스벨트의 말처럼 직장 생활에서 본인의 가치도 스스로 만들어가야 한다. 똑같은 조건으로 한 날 한 시에 입사한 동기들의 가치가 제각기 다르게 드러나듯, 언제 어디에서나 사람의 가치는 매겨지기 마련이다. 그 가치에 대한 책임은 물론 자신에게 있다.

여기저기서 '나는 나다' '내 존재 자체만으로도 나는 가치 있다' '타인의 시선을 의식하지 마라'는 식의 조언이 난무하고 있다. 그런데 혼자서 자신의 가치를 인정하는 것은 무의미하다. 사회생활에 있어서 중요한 것은 타인과 공유할 수 있는 가치를 만드는 일이다.

작가 발타자르 그라시안Balthasar Gracian은 "자신의 가치를 높이고 싶다면 적에게조차 정중한 태도를 보여라. 모든 사람에게 예의를 갖추는 데 능숙해진다면 크게 힘들이지 않고도 주변 사람들에게 많은 도움을 얻게 될 것이다"라고 말했다. 이렇듯 정중한 태도 하나만으로도 자신의 가치를 높일 수 있다.

하지만 직장 생활을 하다 보면 기본적인 태도가 부족해 자신의 가치를 격하시키는 사람들이 많다. 맡은 일을 대충 처리하고, 변명을 일삼는 사람, 공과 사를 구분하지 못하는 사람, 과거의 영광에 대한 집착을 멈추지 않는 사람, 제일 늦게 사무실에 나타나 제일 먼저 사라지는 사람, 부정적인 말과 거친 입담을 과시하는 사람, 접은 미간을 펴지 못하는 사람 모두가 이에 해당한다.

인간은 누구나 소중한 존재고 그 자체로 가치 있다. 하지만 직장이라는 조직에는 넘지 말아야 할 상한선과 더 이상 내려가지 말아야 할 하한선이 엄연히 존재한다. 모든 행동이 이 사이에서 이뤄져야 자신의 가치를 높일 수 있다.

의도와는 달리 자꾸 문제가 생긴다면

•

상습적인 고민 남발을 멈춰라.
고민을 가장한 불평불만 표출은 듣는 이의 마음까지 지치게 만든다.

•

잘못을 쉽게 인정하지 마라.
습관적으로 입에 밴 '죄송합니다'는 자신의 능력과 가치를 스스로 깎아먹는 말이다.

•

무조건 일을 떠맡지 마라.
동료를 위해 허드렛일까지 떠안지만, 결국에는 배려의 아이콘이 아닌 호구가 된다.

불행의 그림자에서
벗어나기

우리는 이미 충분한 불행을 겪었다

글로벌 리서치 기업인 스웨덴의 유니버섬Universum이 전 세계 57개국 젊은 직장인 20만 명을 대상으로 '직장인 행복지수'를 조사한 결과 한국은 최하위권인 49위로 나타났다. 한편 〈서울시 직장인들의 통근 시간과 행복〉이라는 논문은 길어지는 출퇴근 시간 때문에 직장인의 행복지수가 떨어지고 있다고 말한다. 현대인의 삶에 관한 책 《그림자 노동의 역습》은 출퇴근에 걸리는 시간도 무급의 노동이라며, 매일 반복되는 무급 활동이 삶의 질을 떨어뜨린다고 주장한다.

이러한 일련의 현상들을 반영하듯 어느 순간부터 '직장인'이라는 단어는 노예, 좀비, 사축회사의 가축 등의 단어와 동일시되며 이 시대의 대표적인 '부정적 아이콘'으로 등극했다. 직장인들은 드라마나 영화 등에서 비상식적 직장 문화를 반영한 패러디물을 보며 열광하고 일시적인 위안을 찾는다.

이렇게 조장되는 외부 환경들이 '직장인은 당연히 힘들고 아프고 괴로우며 결국 불행하다'는 결론에 다다르게 한다. 이처럼 반복되는 실상과 과장의 모호한 경계에서 직장인들은 아무리 위로 받아도 나아지지 않고 점점 더 악화되는 상황을 마주치게 되었다. 입에서는 매일 '짜증나' '열 받아' '지겨워' '괴로워' '허무해' '우울해' '왜 저래'라는 말들이 자동적으로 쏟아져 나오고, 퇴근 시간의 짜릿함을 위해 하루 여덟 시간을 악착같이 버틴다.

그렇게 갈망하던 취직에 성공했는데 왜 직장인들은 여전히 불행할까? 숙명으로 받아들이기에는 남은 인생이 너무 갑갑하고, 피해버리고 싶지만 대책이 없다. 그래서 직장인들의 마음은 항상 춘래불사춘春來不似春, 자신의 처지를 비관하며 살고 있다.

저마다 다양한 사연과 타당한 이유가 있겠지만 원인은 단 한가지에서 비롯된다. 바로 행복의 기준이다. 많은 이가 자신이 도달할 수 없는 범위의 행복을 기준으로 삼는다. 그래서 '나는 항상 불행하다'라는 결론에 이른다.

"행복은 살아있음을 느끼는 것이다. 우리가 살아 있다는 것, 그것은 하나의 기적이다. 우리는 늘 많은 시간 속에 있으면서도 그 사실을 느끼지 못한다. 살아있다는 것 그 자체가 놀라운 가능성이다"라고 도서 《꾸뻬 씨의 행복 여행》은 말한다. 행복은 어디에 기준을 두느냐에 따라 천차만별 달라진다. 남보다 불행하다는 생각이 짙어질 때는 꾸뻬 씨처럼 행복의 기준을 조금 바꿔보는 것도 좋은 방법이다.

《내일도 출근하는 딸에게》를 쓴 유인경 저자는 '직장인에게 행복은 옵션이고 불행은 기본'이라고 말한다. 이 시대의 직장인들은 이미 기본적인 불행을 충분히 겪어왔다. 이제는 행복을 선택할 차례다.

> "행복의 문 하나가 닫히면 다른 문들이 열린다. 그러나 우리는 대게 닫힌 문들을 멍하니 바라보다가 우리를 향해 열린 문을 보지 못한다."

헬렌 켈러Helen Keller가 우리에게 던지는 메시지다. 등 뒤에서는 엘리베이터가 도착해 문이 열렸는데, 아직 오지 않은 정면의 엘리베이터만 기다리고 있으면 지각한다. 이미 닫힌 문에 대한 미련 때문에 새로이 나타난 행복을 놓치지 마라.

유일한 가치가 된 '먹고사니즘'

민방위 교육에 강사로 온 어느 교수가 이런 이야기를 꺼냈다. 30대 중반의 대기업 직원이 민방위 교육을 오던 중 심장마비로 죽은 사건이 있었다며 "회사 왜 다니세요?"라는 질문을 던진 것이다. 누군가 "먹고살아야 하니까요"라고 답했다. 앞선 사건에서 대기업 직원이 사망한 원인은 무리한 야근으로 인한 심근경색이었다. 교수는 직장 생활의 근간을 '행복'에 두어야 한다며 단순히 '먹고살기 위해서'라는 기준을 정해버리면 그 이상 행복해질 수 없다고 충고했다.

매일 똑같이 반복되는 일상에 기시감을 느끼고, 도무지 끝날 것 같지 않은 현실의 굴레에 섬뜩한 생각이 들었던 적 있다. 매일 똑같은 시간에 기상해서 씻고, 회사 규정에 맞는 옷을 챙겨 입는다. 비슷한 시간에 지하철을 타고 동일한 다리를 건너 반복적인 업무를 마치고 퇴근을 하거나 야근을 하거나 또는 술 한잔 하거나…. 365일이 마치 쳇바퀴처럼 돌아간다.

직장인들의 삶은 굴러 떨어지는 바위 덩어리를 산꼭대기 위로 평생 밀어 올려야 하는 그리스 신화 속 시시포스의 형벌을 방불케

한다. 일상의 무료함에 지쳐 '뭐 재미있는 일 좀 없나?'를 중얼거려 보지만 역시나 특별한 것은 없다. 그저 스치듯 찾아오는 주말이라는 이틀의 행복을 위해 나머지 닷새를 부지런히 달릴 뿐이다.

인생은 삼류 드라마의 재방송처럼 재미없게 이어진다. 나도 모르게 '먹고살아야 하니까'라는 무책임한 말을 내뱉는다. 나조차 방관하는 내 삶은 직장에서뿐만 아니라 일상과 가정까지 무료함에 빠뜨린다. 스스로 만든 비극적인 울타리 안에서 어느새 꿈은 사라지고 핑크빛 미래는 서서히 잿빛으로 바뀌어간다.

이렇듯 직장인들은 습관적으로 행복을 벽의 이면에 몰아넣고 비극적 삶만을 좇고 있다. 행복이라는 것은 양면성을 가지고 있지만 결국 하나의 뿌리에 근간을 두고 있다. 근원지는 바로 관점이다. 관점의 한 끗 차이는 대단하다. '먹고살아야 하니까 회사를 다닌다'는 마음가짐을 '살아 있음에 감사하며 회사를 다닌다'로 바꾼다면 삶을 대하는 태도는 달라진다.

"세상을 밝게 보는 사람도 있고 세상을 어둡게 보는 사람도 있다. 각자의 관점에서 보면 둘 다 옳다. 그러나 세상을 보는 관점에 따라 즐거운 삶과 고통에 찬 삶, 성공하는 인생과 실패의 인생이 결정된다. 따라서 행복은 자기 안에서 찾아야 하는 것이다."

랄프 트라인Ralph Trine의 저서《행복은 내 마음속에 있다》에 언급된 글이다. 그렇다. 행복은 관점이다. 극심한 취업난에 상처투성이가 된 청춘들이 취업문 앞에 서 있다. 굳게 닫힌 문을 바라보며 어서 열리기만을 초조하게 기다린다. 아침마다 출근할 직장이 있다는 것은 분명 감사할 일이고, 내 덕분에 누군가 조금이라도 편리한 삶을 누릴 수 있다는 것은 보람된 일이다.

1 더하기 1이 1이라고 외쳤던 에디슨이 성공할 수 있었던 것처럼, 관점을 달리하면 부질없는 삶이 부지런한 삶으로 바뀐다. 관점을 움직여 '불행'을 '행불행방불명'시키기 위해 힘쓰자. 직장인에게는 '먹고살아야 하니까'가 아니라 '행복하게 살아야 하니까'가 정답이 되어야 한다.

꿈 앞에서 나이는 숫자에 불과하다

대형 건설사에 근무하던 12년 차 워킹맘 D과장이 과감하게 사표를 던졌다. 멀쩡하게 잘 다니던 회사를 그만둔다는 결정에 주변에서 대부분 만류했다. 그런데 불과 몇 개월 뒤 D과장은 건축직 공무원이 되었다. "내 꿈이 정년까지 회사 다니는 거잖아"라는 D과장은 직장을 다니고 육아를 책임지는 바쁜 와중에도 주말마다 틈틈이 학원을 다니면서 출퇴근 시간까지 아껴 공무원 시험을 공부했다고 한다.

D과장은 정확하게 마흔이 되던 해에 회사를 떠났다. 회사라는 공간이 꿈에 대한 절박함으로 이어지는 데 한계를 느껴 과감하게 그만뒀다고 했다. 동료들은 D과장이 시험 합격 후 회사를 그만둔 것으로 알지만, 사실은 퇴사 후 치른 시험에 합격한 것이었다.

대학교 교양 수업 시간에 교수님께서 "늙어서 못한다는 것은 핑계일 뿐이다. 단지 열정이 없기 때문에 도전하지 않는 것이다"라는 말씀을 들려주신 적이 있다. 나이가 들어서 늙는 것이 아니라 열정이 사라지는 것에 늙는다는 의미를 부여했다. 20여 년 전에는 공감이 되지 않던 말인데 이제는 가슴에 콕콕 박힌다.

실제로 나이가 들수록 열정이 소진되고 의욕은 점점 떨어져 현상 유지에만 급급해지는 경우가 많다. 그래서 새로운 일에 대한 도전은 항상 두려움과 실패라는 걱정을 넘어서지 못한다. "열정은 당신의 사랑을 성공적으로 이끌 것이다. 열정은 사랑의 감정에 불을 붓는다. 열정적이지 못한 인생은 살 가치가 없다. 열정적이지 못한 삶은 시험해볼 가치도 없다. 세월은 피부를 주름지게 하지만 열정을 저버리는 것은 영혼을 주름지게 한다"라고 더글라스 맥아더Douglas MacArthur 장군이 말했다.

열정은 젊음의 증거이며 도전의 기회를 준다. 도전을 멈추면 평범한 인생을 살 수 있다. 그러나 발전도 시련도 없을 것이고 원하는 것도 결코 얻을 수 없다. 960번 만에 운전면허를 취득한 69세의 할머니, 79세에 수능을 치른 할머니, 94세에 대학을 졸업한 할머니. 이들이 끝까지 포기하지 않고 목표를 이룰 수 있었던 것은 도전 자체에서 행복함을 느꼈기 때문이다. 도전은 행복한 상상이고, 역경을 동반하기에 더욱 가치 있다.

누구나 갈망했던 꿈이 있을 것이다. 유년 시절에 떠올리던 대통령, 과학자, 의사나 선생님을 말하려는 것이 아니다. 10년 뒤, 20년 뒤 나를 행복하게 만들어줄 '현실적인 꿈'을 다시 찾아보자. 그리고 그 꿈을 설계해보자.

버나드 쇼Bernard Shaw는 "사람들은 항상 자신의 현 위치를 자신의 환경 탓으로 돌린다. 나는 환경이라는 것을 믿지 않는다. 이 세상에서 성공한 사람들은 스스로 일어서서 자신이 원하는 환경을 찾은 사람들이다. 만약 그런 환경을 찾을 수 없다면, 그런 환경을 만든다"라고 강조했다. 인생은 누구의 탓도 아닌 온전한 '내 탓'으로 결정되는 것이다.

지금의 환경이 자신의 꿈을 저지하고 있다는 생각에 몰입하면 출근길은 앞으로도 불행할 것이다. 하지만 꿈을 향한 도전과 열정을 되살리기 시작한다면 출근길은 활력에 휩싸일 수 있다. "가장 위대한 영광은 한 번도 실패하지 않음이 아니라 실패할 때마다 다시 일어서는 데에 있다"는 공자의 말처럼, 시련 없는 성취는 의미가 없다.

가족과의 시간이 어색한 직장인

퇴직 임원과 식사를 한 적이 있다. 30년 넘게 회사에만 올인하다 보니 집 시세가 어떻게 되는지 같은 데는 아는 바가 없고, 투자를 하려 해도 확신이 서지 않아 아무 것도 못하겠다며 "세상 물정을 잘 모르겠다"고 털어놓았다. 대학생 아들과는 대화해본 기억이 없고 가족들과 한 집에 있는 것도 불편하다며, 회사에만 너무 얽매이지 말고 가정을 많이 챙기라고 전했다. 산처럼 크게만 느껴졌던 대선배에게 듣는 조언치고는 너무도 평범했다.

단언컨대 현세의 직장인들은 시시때때로 피곤하고 괴로운 일상에 시달리고 있으며, 셀 수 없을 만큼의 심리적 갈등과 시련을 겪고 있다. 현실의 척박함과 미래의 불확실함이 증폭되면서 '내가 과연 기여하고 있는 일이 있을까?'라는 조바심에서부터 '남들보다 뒤쳐지는 건 아닐까?' '언제까지 회사를 다닐 수 있을까?' 하는 초조함이 직장인들의 쳐진 어깨를 더욱 짓누르고 있다.

누구나 드라마에 나오는 완벽한 역전의 주인공을 꿈꾸지만, 실수와 좌절은 주기적으로 찾아오고 상상은 결코 현실이 되지 않는다. 많은 직장인들이 이런 역경과 패배의 순간을 담담하게 받아들이기보다는 현실의 조급함에 밀려 자신을 혹사시키는 방법을 택하고 있다. 이는 스스로 만든 몇 가지 착각에서 비롯된다.

첫 번째는 '완벽하지 않으면 안 된다'는 착각이다. 사람은 누구나 완벽하려는 성향을 가지고 있다. 이러한 욕심은 자칫 스스로를 무능한 존재로 만들 수 있다. 《완벽의 배신》에서는 완벽주의자를 두고 '내면이 자유롭지 못해 결과에 집착하고, 남들이 자신을 어떻게 생각하는지, 다른 사람들은 어떤 성과를 이뤘는지에 늘 촉각을 곤두세운다'고 말한다. 또한 자신이 상대보다 못하다고 느끼면 정신적으로 쉽게 위축돼 자괴감에 빠지는 사람들이라고 덧붙인다. 스스로에게 관대하지 못하고 완벽함에 과도하게 치중하게 되면 인간관계 등 새로운 문제가 연쇄적으로 발생한다. 스스로 평범한 인간임을 인정하고 받아들여야 원활한 직장 생활이 가능하다.

두 번째는 '무조건 빨라야 한다'는 착각이다. 성과나 출세에 대한 조급함 때문에 무조건 '빨리빨리'를 추구하다 보면 직장은 전쟁터가 된다. 상대가 내 마음과 같지 않으며 혈압이 오르고, 삶의 여유도 너그러움도 사라진다. 마치 한 마리 경주마처럼 앞만 보고 질주한다. 이는 남들보다 뒤처지면 안 된다는 강박관념 혹은 타인과 비슷한 페이스는 유지해야 안심이 된다고 생각하는 심리에서 비롯된다. 진급에 누락되었을 때 찾아오는 자괴감, 재수에 삼수를 거듭하는 자신을 패배자라고 여기는 마음도 비슷하다. 매 순간 느긋함과 침착함을 연습하라. 급하지만, 돌아가도 괜찮다.

세 번째는 '무조건 최선을 다해야 한다'는 착각이다. 치열한 직장에서 살아남기 위해 매사 최선을 다해야만 한다는 생각을 틀렸다고 할 수만은 없다. 하지만 최선을 다하는 것보다 중요한 것은 '잘하는 것'이다. 최선보다 중요한 '잘'을 위해 전략이 필요한 세상이다.

최선을 다해 야근하고, 주말에 출근해 일한다고 회사가 나를 무조건 인정해주거나 책임져주지는 않는다. 대기업 임원조차 "회사에만 올인한 게 허무하다"고 말하는 시대다. 그만큼 일과 삶의 균형이 중요하다. 회사를 위한 노력의 3분의 1이라도 미래와 가족을 위해 투자한다면 지금보다 삶의 질은 높아질 것이다.

요즘에는 젊은층 사이에서 직딩이 비는 대신 개인적 삶의 질을 높이자는 풍조가 생겨나고 있다. '일과 삶의 균형'이라는 뜻의 '워크 앤드 라이프 밸런스'의 줄임말을 '워라밸'이라고 부르며, 취업 전 그 회사의 워라밸이 어느 정도인지 미리 알아보고 지원하기도 한다.

직장인이 행복한 나라에서는 일과 생활의 균형을 가장 중요한 요소로 꼽는다. 이를 유지하도록 노력하는 것이 행복으로 가는 최우선의 방법이다. 과유불급이라 했다. 스스로를 너무 괴롭히지 말자.

행복은 발견되는 것

리처드 브로디Richard Brodie의 책 《나는 그럭저럭 살지 않기로 했다》에는 이런 말이 나온다.

> "책임을 선택하면 내가 행사하는 힘이 더 커진다. '100퍼센트 다 내 책임'이라고 생각해보자. 좋든 나쁘든 나에게 일어난 모든 일과 앞으로 일어날 모든 일이 다 내 책임이다. 책임이라는 눈으로 세상을 보기로 하면 자신에게 큰 도움이 된다."

업무에 있어서의 책임도 물론 중요하겠지만, 내가 선택한 인생을 핑계 없이 책임진다는 것, 이것이 인생을 주도적으로 살 수 있는 방법이자 행복하고 의미 있는 삶을 살아가는 방법이다.

행복의 사전적 정의는 '충분한 만족과 기쁨을 느끼는 흐뭇함'이라고 한다. 하지만 현실에서는 누구나 행복이라는 단어를 사전적 의미가 아닌 스스로 부여한 자신만의 새로운 의미로 간직한 채 살아간다.

소크라테스Socrates는 인간이 사랑을 주고받을 때 가장 행복하다고 말했다. 신이 아닌 이상 신만큼의 사랑을 관조하는 것이 인간으로서는 불가능한 현실임을 몸소 체험하며 살아가는 우리다. 그렇기 때문에 사랑도 행복도 삶의 당연한 부산물이 되어야 한다. 막연하게 기다리는 '로또' 같은 존재가 되어서는 안 된다.

"행복한 일을 생각하면 행복해진다. 비참한 일을 생각하면 비참해진다. 무서운 일을 생각하면 무서워진다. 병을 생각하면 병이 든다. 실패에 대해서 생각하면 반드시 실패한다. 자신을 불쌍히 여기고 헤매면 배척당하고 만다"고 데일 카네기가 말했다. 일체유심조一切唯心造는 이럴 때 쓰는 말이다. 모든 것은 나의 마음이 지어내는 것이다.

세상이 온통 회색빛으로 보인다면

•

'먹고살아야 하니까'라는 한탄에서 벗어나라.
습관적으로 행복을 벽의 이면에 몰아넣고 비극적 삶만 바라보면 답이 없다.

•

현실적인 미래를 쉬지 않고 설계하라.
백 세 시대다. 꿈을 향한 도전과 열정의 불씨를 되살리면 출근길에 활력이 돈다.

•

스스로를 혹사시키기 마라.
직장인이 행복한 나라에서는 일과 생활의 균형을 가장 중요하게 여긴다.

사표 내는 상상보다 즐거운 내일을 위해

책을 쓰던 순간순간을 되돌아보면 이 책은 결국 나에게 던지는 10년치 보고서였고, 결재는 아직도 보류 중이다. 대신 반성에 반성을 거듭한 후 다시 신입 사원 같은 마음가짐으로 직장 생활을 이어가고 있다.

글을 쓰면서 입사 초부터의 직장 생활을 현미경으로 들여다보듯 꼼꼼하게 되짚으며 과거로의 여행을 다녀왔다. 오래 묵은 기억을 헤집을 때마다 잊고 지냈던 순간들이 속속들이 튀어 나와 반갑기도 했고, 민망함에 얼굴이 달아오르기도 했다.

십여 년이 훌쩍 지났지만 모든 순간이 어제 일 같았고, 뚜껑이 열릴 것만 같았던 순간은 이제 '피식'하며 넘길 수 있는 추억의 순간이 되었다. 과거를 여행하며 다행이라는 생각이 들었던 건 나쁜 기억들보다는 좋았던 순간이 더 많았다는 것이다.

과거에서 현재로 거슬러 올라오며 '시간이라는 것, 세월이라는 게 이런 거구나'라는 것을 새삼 느끼며, 나이 듦을 동시에 체감하고 있지만 '머리에 피도 안 마른 놈'이라는 소리를 들었던 시절로 다시 돌아가고 싶지는 않다. 그만큼 모진 풍파를 겪으며 분명 성장해 왔음을 알고 있고, 연륜이라는 지혜가 축적되면 세상을 살아가는 원동력이 된다는 것을 깨닫고 있기 때문이다.

후배들에게 한 가지 당부하고 싶은 것은 현재의 불만을 인생전체에 대입하지 말라는 것이다. 대입값이 0이면 어떤 값을 대입해도 0이 된다. 어떠한 일이든 지금 당장 판단하고 평가하는 것은 위험한 일이다. 제대로 생각하고 판단하기 위해서는 시간의 숙성과 정신적 성숙이 필요하다.

'시간이 약이다'라는 속담은 괜한 말이 아니다. 직장에서 괴로웠던 일, 속상한 일, 어이없는 일, 황당한 일, 상사에게 상처 받은 고통스러운 일들도 시간이 지나면 서서히 잊히고 무뎌진다. 때문에 당장 견딜 수 없을 것만 같아도 조금만 더 버티면 금세 삶의 균형을 되찾게 된다.

시곗바늘이 도는 세월만큼 많은 것들이 변한다. 어쩌면 망각 혹은 기억의 재구성으로 내 생각만 변하는 것일지도 모르겠지만… 어쨌든 한참 나이 많은 어른들이 슬쩍 내뱉는 '시간이 약이다'라는 말을 절대 무성의한 조언으로 받아들이면 안 된다.

시간은 쓰레기 같았던 선배에게 고마움을 느끼게 만들고, 곰인 줄 알았던 선배가 여우였다는 것을 깨닫게 만들기도 한다. 진급을 못했던 이유를 스스로 찾아내게도 하고, 누군가를 신나게 욕했던 것을 후회하게 만들기도 한다. 모든 일은 한 걸음 나아간 뒤에 판단해도 늦지 않는다는 것을 미리 알아뒀으면 좋겠다.

대부분의 직장인들이 천편일률적인 직장 생활을 이어가고 있지만 저마다 체감하는 난이도는 모두가 다르다. 양지에서 빛나는 햇살을 머금고 생활하는 이들이 있으면 분명 음지에서 어둠과 사투를 벌이는 직장인들도 있다. 자신감이 넘치는 사람이 있으면 열등감을 잔뜩 끌어안은 채 신음하는 동료들도 존재한다.

이 책을 통해 인정받고 싶어 안달하고, 회사를 위해 무언가를 하고 싶다고 초조해하면서도 '사표 내는 상상'에 쾌감을 느끼는 후배들에게 조금이라도 버틸 수 있는 용기를 전하고 싶다.

단 한 명의 괴로움이라도 몇 스푼 덜어줄 수 있다면 그걸로 족하다. 가슴에는 사표를 품고, 답답한 가슴을 치며 사는 후배들이 무릎을 치며 '아!'라는 감탄사를 단 한 번이라도 외쳐준다면 그걸로 만족한다.

고작 12년 차 직장인이 떠드는 소리가 얼마나 직장인들의 심경을 위로했을지는 모르겠다. 기억에 남는 부분이 있다고 해도 책장을 덮는 순간과 동시에 잊어버릴 지도 모른다.

나 또한 마찬가지다. 지금 다시 처음부터 직장 생활을 시작하게 된다 해도 내가 빼곡하게 써놓은 책의 내용처럼 살 수는 없을 것이다. 이 책에서 정리 된 이야기들은 앞으로 또 다른 10년을 위한 자양분이라고 말하고 싶다.

강산도 변할 만큼의 시간이 또 다시 흐르면 내 마음 가짐은 지금과 사뭇 달라져 있을 것이고, 여러분들도 지난 10여년을 되돌아보며 허무한 감회에 젖어 있을 것이다. 그때 다시 여러분들과 마음을 교류하고 싶다.

그동안 '사표 내지 않을 용기'를 잃지 말고, 직장인의 숙명을 받아들이며, 세월이 주는 연륜을 만끽하고, 회사의 특별 보너스인 각양각색의 인생 경험을 차곡차곡 쌓아가기 바란다. 그리고 10년 뒤 다시 만나길 기원한다.